GOLDMANN
ARKANA

Ruediger Schache

Das Gott Geheimnis

Die Reise Ihrer Seele durch die Schöpfung

GOLDMANN
ARKANA

MIX
Papier aus verantwortungsvollen Quellen
FSC
www.fsc.org
FSC® C084279

Verlagsgruppe Random House FSC-DEU-0100
Das FSC®-zertifizierte Papier *Eurobulk* von Biberist
für dieses Buch liefert Papier Union.

1. Auflage
Originalausgabe

Lektorat: Ralf Lay
Layout, Composing und Satz: Karola Vohla
Abbildungen: © Shutterstock Images, New York
Gesamtherstellung: Print Consult GmbH, München
Printed in the Slovak Republic
978-3-442-33883-2
www.arkana-verlag.de

Inhalt

Der Anfang der Reise

Es geht also um Gott. Aber es geht nicht um das Wort, nicht um Glauben und nicht um Religion. Es geht um das, was hinter dem Wort steckt. Das Unendliche, die Quelle, das Große Bewusstsein. Es geht um das, was alles erschaffen hat, jeden Moment in Bewegung hält und ständig neu erschafft.

Was genau ist Gott? Wo befindet sich Gott? Wie und wann handelt Gott? Und wie und wann nicht?

Scheinbar gibt es keinen für alle gültigen Wegweiser, dem man einfach folgen kann, und plötzlich steht man vor dem Unendlichen. Man kann das, was »Gott« genannt wird, auch nicht herbeiwünschen oder herbeiglauben. Weder durch Folgsam- und Artigsein noch durch Richtigmachen, noch durch Nachdenken zeigt sich Gott. Auch nicht durch Studium, durch ein Bekenntnis oder durch eine Position in einer Organisation. Falls es so etwas wie Gott gibt und man damit in Berührung kommen kann, muss es einige Geheimnisse auf dem Weg geben.

Um diese Geheimnisse geht es in diesem Buch.

Die Sehnsucht nach dem Wissen über Gott

Über Gott nachzudenken kann eine spannende Angelegenheit sein. Unser Verstand strebt nach Wissen und möchte Zusammenhänge verstehen. Er sucht eine Ordnung in den Dingen. Er möchte beim Nachdenken über Gott, über die Schöpfung und die Seele nachvollziehbare Antworten bekommen, und zwar solche, die nicht irgendwann in unlogisches »Glaubenmüssen« übergehen. Unser Verstand liebt es nicht, sich auf eine Fährte der Erkenntnis zu begeben, die plötzlich in diffusem Nebel endet. Er sucht Antworten, die sich vor nichts drücken.

Deshalb werden wir gemeinsam nach »der Wahrheit« suchen, in die sich alles lückenlos und perfekt einfügt. Viele nennen es »die höchste Wahrheit«. Dabei werden wir uns genau ansehen, was die heiligen Schriften und die größten Wissenden der Menschheitsgeschichte über Gott berichten – und über das, was wir täglich als unmittelbare Realität erleben.

Wenn es eine absolute und höchste Wahrheit gibt, werden sich alle Philosophien, Religionen, spirituellen Richtungen und wissenschaftlichen Erkenntnisse, alle persönlichen Erlebnisse und sogar die Gott ablehnenden Haltungen wie von selbst in diese Wahrheit einfügen. Wenn wir wirklich die Essenz über diese Schöpfung gefunden haben, dürfte es danach keinen Widerspruch mehr geben. Dann findet jedes Teil seinen Platz in der großen Ordnung.

Die persönliche Erfahrung der Schöpfung

So wichtig und spannend es auch ist – durch Nachdenken und »Philosophieren« allein kann das, was Gott ist, nicht erkannt werden. Der wichtigste Schritt ist die persönliche Erfahrung, die zum Denken hinzutreten muss: In jeder Zelle des eigenen Seins zu erfahren, wie alles bis zum Letzten miteinander in vollkommener und immerwährender Verbindung steht, führt zu dem, was man »Gotterfahrung« nennt.

Doch wie kommen Sie zu solchen persönlichen Erfahrungen? Durch die persönliche Erforschung der Schöpfung, die Sie umgibt. Denn wenn alles, was Sie erleben, Gott oder ein Ergebnis von Gottes Wirken sein soll, dann müssen die Schlüssel zu Gott in jedem Moment genau vor Ihnen, um Sie herum und in Ihnen selbst liegen.

Diese Schlüssel werden Sie auf unserer gemeinsamen Reise kennenlernen.

»Ich fühlte, dass die Moleküle meines Körpers
mit denen da draußen in Verbindung stehen,
eine Verbundenheit mit dem Universum
wie ein unsichtbares Netz, das alles miteinander verknüpft.
Ich wusste plötzlich, dass alles mit allem zusammenhängt.
Dieses Wissen kam auf direktem Weg zu mir,
und zwar nicht über den Kopf:
Ich habe es körperlich gespürt.«

Edgar Mitchell (1971)
Amerikanischer Astronaut
** 17. September 1930*

Ihre Reise zum Bewusstsein über Gott

Wenn Sie die Entstehung und den Aufbau der Schöpfung verstehen und erfahren möchten, geht es zunächst einmal um »die großen Fragen« und um grundlegende Zusammenhänge. Diese großen Zusammenhänge sind einfach genug zu verstehen, sodass Sie sich erst einmal eine Übersicht verschaffen können.

Wenn Sie sich diesen Überblick verschafft haben, beginnen sich die ersten Fragen schon wie von selbst zu beantworten. Sie erkennen bereits eine große Ordnung in allem.

Von dieser Ordnung aus können Sie anschließend so viele Details untersuchen, wie Sie möchten, ohne sich »in Details zu verlieren«. Wir werden gemeinsam vom absoluten Beginn an mitverfolgen, wie das Universum entstand, bis zu dem Moment, an dem Sie heute hier sind. Auf dieser Reise vom Ursprung bis ins Hier und Jetzt wird Ihr Bild über die großen Bauteile der Schöpfung – die »Schöpfungsebenen« – vollständig werden.

Mit diesem Wissen werden wir in den heiligen Schriften und in den Aussagen von Jesus, Buddha und anderen großen Wissenden nachsehen, ob das, was sie berichten, übereinstimmt. Und wir werden aktuelle Erkenntnisse der Wissenschaft ansehen und prüfen, ob sie in dieses Bild passen und es bestätigen.

Wenn unsere Reise zur Wahrheit richtig verläuft, dürfte es danach in keiner heiligen Überlieferung und in keinem Bericht eines großen Wissenden der Welt einen Widerspruch oder eine Ungereimtheit geben. Wenn wir die letzte Wahrheit gefunden haben, müssten jede Aussage über Gott, jede Religion, jede wissenschaftliche Erkenntnis, jede spirituelle Sichtweise und jedes persönliche Erlebnis ihren Platz finden. Sobald das große Bild stimmt, gibt es keinen »Fehler«

mehr, denn alle Erfahrungen und Ansichten, Irrtümer, scheinbare Widersprüche und Gegenansichten sind ebenso Teil der Schöpfung wie die Menschen, die sie äußern.

Wir sehen uns also als Erstes den Aufbau der Schöpfung und danach ihre Entstehung an. Anschließend verfolgen wir die Reise Ihrer Seele durch dieses Wunder, vom allerersten Anfang bis zum Ende. Wir werden beobachten, wie die Seele mit ihrer Seelenfamilie entsteht und wie Seelen miteinander verbunden sind. Und wir werden untersuchen, auf welche Weise all dies mit Ihnen selbst, Ihrem Körper, Ihrem Bewusstsein und Ihren Gefühlen zusammenhängt.

Und warum das alles? Weil dies in Wahrheit Ihr tägliches Leben ist. Wenn Sie verstehen, wie die Welt, die Sie umgibt, wirklich aufgebaut ist und wie alles mit Ihnen selbst und Ihrem praktischen täglichen Leben zusammenhängt, werden Sie nichts mehr »glauben« oder verständnislos zur Kenntnis nehmen müssen. Dann haben Sie etwas vom großen »Wissen über das Leben« erfahren, vom wirklichen *Ayurveda*.

Doch lassen Sie uns nun mit der Reise durch die fünf Schöpfungsebenen beginnen.

»Gott kann nicht geschaut werden,
sondern wird durch die Schöpfung erkannt.«

Hildegard von Bingen
Deutsche Mystikerin, Äbtissin und Naturwissenschaftlerin,
katholische Heilige
** 1098 † 17. September 1179*

Lesen Sie im folgenden ersten Kapitel: »Die Auflösung der materiellen Welt« – und wie sich das scheinbar Feste als Illusion entlarvt.

Die Auflösung der materiellen Welt

Sie selbst und die Dinge,
von denen Sie umgeben sind,
scheinen durch Grenzen getrennt zu sein.
Doch immer wenn Sie eine Grenze
genau erforschen,
verschiebt sie sich oder löst sich auf.
Ihre Realität verändert sich grundlegend,
wenn Sie beginnen,
sich selbst die richtigen Fragen zu stellen.

Schöpfungsebene 1: Die materielle Welt
- Hinter die Grenzen des Sichtbaren -

Irgendwo müssen wir anfangen, warum nicht bei Ihnen selbst? Die Schöpfung beginnt für Sie immer dort, wo Sie gerade sind.

Was erfahren Sie, wenn Sie sich umsehen? Sie sehen etwas, Sie hören, riechen, schmecken, spüren etwas. Was Sie von der Schöpfung als Erstes wahrnehmen, ist das, wovon Sie unmittelbar umgeben sind. Sozusagen das Endergebnis. Und davon wiederum werden Ihnen bei der ersten Untersuchung zunächst einmal nur die Teile auffallen, die Sie mit Ihren Sinnesorganen wahrnehmen können. Sie sehen, hören, riechen, schmecken die Schöpfung um sich herum. Nur das wissen Sie in diesem Moment über Gott ganz sicher. Alles andere wären noch Gedanken und Spekulationen.

Diese sinnliche Wahrnehmung der Umgebung ist die grundlegendste Stufe, um »Gottes Schöpfung« zu erleben. Sie verrät Ihnen noch nicht allzu viel über den Aufbau und die Entstehung, aber eindeutig und unwiderlegbar erleben Sie ein Detail – eine ganz bestimmte Ebene – der Schöpfung bereits.

Sehen Sie sich nun an, was genau Sie in die Lage versetzt, diese Ebene der Schöpfung zu erfahren. Es ist Ihr Körper. Ohne diesen wundervollen, faszinierenden Körper könnten Sie nichts von der Welt erfahren. Eindeutig ist Ihr Körper ein Teil der Schöpfung.

Beobachten Sie nun weiter: Ist Ihr Körper von all dem, was ihn direkt umgibt, wirklich getrennt?

Die Luft an Ihrer Haut ist wenige Sekunden später die Luft in Ihren Lungen. Das Wasser in Ihrem Glas wird gleich das Wasser in Ihrem Bauch sein. Die Frucht in Ihrer Hand ist bald die Nahrung in Ihren Adern.
Die Wärme Ihres Körpers wärmt das Bett, in dem Sie liegen, und das Wasser in Ihrer Badewanne hat zuvor noch Ihren Körper erwärmt. Ihr Mann oder Ihre Frau umarmt Sie in Liebe, und Sie umarmen Ihr Kind. Das Auto, in dem Sie sitzen, ist verbunden mit der Straße unter den Rädern, während Ihr Körper sich zur gleichen Zeit mit dem Sitz Ihres Autos verbunden hat.
Sind Sie in nur einem dieser Momente wirklich getrennt von irgendetwas in Ihrer Umgebung?

»Du musst dir letztendlich über diese gewaltige Lehre klar werden:
Alle Geschöpfe sind zwar dem Anschein nach getrennt,
aber wahrhaft nur eines.
Alle Wesen gehen von der Gottheit aus
und sind in der Gottheit vereint.
Wer dies wirklich erfasst,
wird die Gottheit
und erlangt dadurch Befreiung.«

Aus der Bhagavad Gita,
der heiligen Schrift des Hinduismus

Jemand berichtet Ihnen von seinen Sorgen und seinem Leid, und Sie können es in jeder Faser Ihres Körpers selbst nachfühlen. Ein Kind blickt in Ihre Augen, der Mensch gegenüber im Zug sieht Sie an, oder ein Blick aus dem Wagen neben Ihnen trifft Sie wie eine Berührung zweier Seelen. Ein Bettler streckt Ihnen seine Hand entgegen, und Sie berühren sie kurz, als Sie Geld hineinlegen. Die Kassiererin berührt kurz Ihre Hand, wenn Sie Ihnen Wechselgeld zurückgibt.

Ihre Finger streichen fühlend über diese Buchseite. Ihre Augen werden eins mit den Buchstaben, und Ihre Gedanken formen die gedruckte Farbe auf dem Papier zu einer Stimme in Ihrem Kopf. Ist das Buch wirklich getrennt von Ihnen?

Die Seiten zwischen Ihren Fingern waren einmal ein Baum. Der Baum hat nun eine andere Form angenommen, damit Sie diese Zeilen lesen können. Doch noch immer berühren Ihre Finger etwas von diesem Baum.

Sie atmen ruhig in Ihrem Bett. Die vom getrunkenen Wasser und der eingeatmeten Luft durchströmten Muskeln Ihres Körpers bewegen Ihren Brustkorb. Dabei bewegt sich Ihre Haut ganz sanft unter dem Stoff, den Sie tragen. Sind Sie selbst tatsächlich getrennt von all dem, was Ihnen selbst im ruhigsten Moment Ihres Daseins widerfährt? Oder ist es nicht eher so, dass Ihr Körper zu jeder Sekunde Ihres Lebens im Meer der Schöpfung badet, von dem Sie unmittelbar umgeben sind?

Ein Kleidungsstück, das Sie tragen, besteht vielleicht aus Baumwolle. Diese Baumwolle ist noch immer dieselbe, die vor kurzem an einem Strauch wuchs. Nur die Form und die Farbe der Baumwolle

hat sich verändert. Sie tragen die Frucht des Strauchs auf Ihrer Haut, der in diesem Moment noch immer an einem Platz in einem fernen Land steht und neue Baumwolle für weitere Menschen in anderen Ländern wachsen lässt.
Dieser Strauch, dessen Teile Sie gerade auf Ihrer Haut tragen, ist in diesem Moment verwachsen mit der Erde. Es ist dieselbe Erde, auf der auch Ihre Füße gerade stehen. Wenn Wasser vom Himmel regnet, strömt dieses Wasser in jede Zelle des Strauchs. Genau so, wie beim Trinken Wasser in jede Zelle Ihres Körpers fließt. Der Strauch, dessen Früchte Sie tragen, trinkt genau wie Sie.
Wodurch ist der Strauch letzten Endes entstanden? Die Materie von Wasser, Erde und einem Samen taten sich zusammen und formten sich zu diesem Gewächs. Nur mit Hilfe von Licht war dies möglich. In Wahrheit tragen Sie das Ergebnis von Erde, Licht und Wasser auf Ihrer Haut. Sie tragen genau das an Ihrem Körper, aus dem auch Ihr Körper selbst besteht.
Falls Sie gerade spüren, dass sich Ihr Gefühl für sich selbst und die Welt um Sie herum ein wenig verändert, erleben Sie, wie sich Ihre Wahrnehmung der Schöpfung bereits erweitert.
Vielleicht könnte jemand sagen, dies alles sei doch klar. Doch wem ist wirklich jederzeit bewusst, dass es keine Trennung zwischen ihm selbst und der Welt sowie dem Leben gibt? Wer sitzt an einem Tisch in dem vollen Bewusstsein, dass der Stuhl, auf dem sein Körper ruht, und der Tisch davor nur Teile eines großen Ganzen sind, die miteinander in Verbindung stehen? Wer beobachtet Millionen Ameisen und weiß, dass sie in Wahrheit nur ein einziges Lebewesen sind? Und wer erkennt dies auch angesichts der Menschen in einer belebten Fußgängerzone?

Wer liegt auf einer Wiese im vollen Bewusstsein, dass er, verbunden mit dieser Erde, gerade durch ein endloses Weltall schwebt? Wie ein kleiner Tropfen, gefüllt mit Leben, durch ein Meer aus Unendlichkeit treibend?
Und wer weiß all dies noch, nachdem er aufgestanden und an seine Arbeit zurückgegangen ist …?

»Um die höchste Realität zu entdecken,
die der Mensch seit Abertausenden von Jahren Gott nennt,
musst du frei von Glauben, frei von aller Autorität sein.
Nur dann kannst du selbst herausfinden,
ob es so etwas wie Gott gibt.«

Jiddu Krishnamurti
Indischer Philosoph, Autor und spiritueller Lehrer
** 12. Mai 1895 † 17. Februar 1986*

Gott in der materiellen Welt

In der materiellen Welt können Sie einen Weg zum Bewusstsein über Gott finden, wenn Sie nicht nur verstehen, sondern auch selbst immer wieder fühlen, dass Ihr Körper aus demselben Material besteht wie jedes Teilchen in der Welt um Sie herum. Ständig verändern und formen Sie die Welt, die Sie umgibt, und gleichzeitig verändert und formt diese Welt Sie. Deshalb nennt man die materielle Welt auch »die Welt der Form«. Form und Materie spielen hier die überragende Rolle für alles, was geschieht. Wir selbst sind Formen in Bewegung. Es ist ein natürlicher Teil der Schöpfung, dass Menschen an dieser Formenwelt etwas verändern wollen: dass Sie etwas erschaffen oder zerstören, etwas haben oder loswerden wollen. Sie wünschen sich und bekommen etwas, Sie planen und lassen los, erzeugen und nehmen sich etwas, oder Sie scheitern und verlieren.
Menschen betrachten ihr eigenes Aussehen und dann das der anderen. Sie vergleichen ihre »Formen« miteinander und finden sie gut oder wollen sie verändern. Sie begegnen sich, sehen und fühlen einander und bilden sich Meinungen über das, was sie wahrnehmen. Auch auf diese Weise erleben sie immer wieder die Materie in ihren unzähligen Formvariationen.
Mit der Welt der Materie zu spielen ist die erste Stufe auf dem Weg zu einem Bewusstsein dafür, was Gott ist. Jeder, der ein Unternehmen aufbaut, sich ein Haus baut, ein Kind in die Welt bringt, eine Skulptur töpfert oder seine Wohnung verändert, erfährt sich dabei als Schöpfer innerhalb der Schöpfung. Jeder, der etwas verändert – statt alles nur zu erdulden oder zu erleiden –, erlebt sich selbst sozusagen als »Gott im Kleinformat«.

Was genau ist Ihr »Bewusstsein«?

Das Wort »Bewusstsein« ist nicht genau definiert, und gleichzeitig spielt es auf dem spirituellen Weg immer wieder eine Rolle. Das ist manchmal ein Grund für Verwirrung oder Unsicherheit. Für dieses Buch wollen wir es wie folgt betrachten: Bewusstsein entsteht, wenn Wahrnehmung, Wissen und Verstehen über das Dasein zusammenkommen.

Es gibt das »höchste Bewusstsein«.

Das höchste Bewusstsein ist sich vollkommen über alles in der Schöpfung bewusst. Es hat alles erschaffen und erschafft ständig neu. Westliche Kulturen bezeichnen es mit dem Wort Gott und östliche Kulturen nennen es das »Meer des unendlichen Bewusstseins«. Sie selbst sind ein Teil davon, weil Sie ein Teil der Schöpfung sind.

Es gibt das »kollektive Bewusstsein«.

Das, was eine Gruppe von Menschen (eine Familie, ein Unternehmen, eine Religionsgemeinschaft) gemeinsam über sich selbst und die Welt denkt, glaubt und fühlt, ist die Überzeugung eines »Kollektivs.« Sie selbst sind ein untrennbarer Teil vieler solcher Kollektive.

Und es gibt Ihr »persönliches Bewusstsein«.

Das ist Ihr persönlich erlebtes und verstandenes Wissen über das, was Sie selbst in Wahrheit sind. Verstehen und selbst erleben – beides ist für das persönliche Bewusstsein wichtig.

Typisch materielle Welt: Jeder erlebt Gott anders.

Angenommen, Sie haben dieses Bewusstsein, Schöpfer zu sein und mitten in der Schöpfung zu »schwimmen«, und Ihr Leben verläuft auch demgemäß. Und nun würde ein anderer Mensch kommen und Sie fragen: »Wo ist Gott?« Dann würden Sie vielleicht antworten: »Überall«, »Du bist Gott«, oder: »Gott ist in jedem von uns.« Aus Ihrer Weltsicht, bei all dem, was Sie gerade erleben, hätten Sie damit vollkommen recht.

Vielleicht aber würde Sie der andere nicht verstehen. Möglicherweise hat er gerade keine angenehme Zeit im Leben, muss viel loslassen und erfährt sich überhaupt nicht als Schöpfer in der materiellen Welt. Dann würde er vielleicht sagen: »Ich will wissen, wo ich Gott finde, um von meinem Leid befreit zu werden; und du sagst: ›Er ist überall.‹ Das sind Ausflüchte. So etwas Unkonkretes nutzt mir gar nichts. Ich denke, du weißt es selbst nicht. Für mich gibt es keinen Gott.«Und in seiner Welt, bei allem, was er gerade erlebt, hätte er vollkommen recht. Sie beide sitzen dann zusammen an einem Tisch und tauschen Ihre völlig unterschiedlichen Meinungen über die Schöpfung aus. Und Sie beide haben im Rahmen dessen, was das Leben Ihnen zeigt, vollkommen recht.

Die Ameisen und die Schreibfeder

Eines Tages krabbelte eine Ameise über ein Stück Papier, das gerade beschrieben wurde. Dabei bemerkte sie, wie eine Schreibfeder fein säuberlich schwarze Linien zog.

»Wie wundervoll!«, rief die Ameise. »Dieses bemerkenswerte Ding führt ein eigenes Leben. Auf dieser wunderbaren Oberfläche kritzelt es mit einer Ausdauer und Kraft, die den Anstrengungen aller Ameisen der Welt ebenbürtig ist. Und das, was da kritzelt, sieht sogar noch aus wie Ameisen bei der Arbeit. Nicht nur eine, sondern als würden Tausende von Ameisen gemeinsam rennen!«

Als sie einer anderen Ameise von ihren Eindrücken berichtete, zeigte diese sich ebenfalls sehr interessiert und lobte die Ameise für ihre gute Beobachtungsgabe. Bald tauchte eine weitere Ameise auf und mischte sich in die Unterhaltung der beiden anderen ein.

»Ich bin durch euer Gespräch aufmerksam geworden und habe den Gegenstand eurer Unterhaltung näher untersucht«, erklärte sie. »Ich habe festgestellt, dass er nicht der eigentliche Erschaffer des Werkes ist. Ihr habt übersehen, dass diese Schreibfeder zu einem anderen Ding gehört, das sie anfasst und führt. Dieses Ding ist der eigentliche Antriebsfaktor, und ihm gebührt die Anerkennung.«

Die beiden anderen Ameisen prüften nach, was man ihnen sagte, und so entdeckten sie die Finger.

Nach einiger Zeit der intensiven Untersuchung kletterte eine der Ameisen einen Finger hoch und entdeckte, dass er zu einer Hand gehörte. Sie erforschte dies genau und ganz nach Ameisenart, indem sie darauf herumkrabbelte. Schließlich kehrte sie zu ihren Artgenos-

sen zurück und erzählte von ihrer Entdeckung, dass die Finger nicht ein eigenständiges Objekt waren, sondern zu einem größeren Objekt gehörten, das sie in Bewegung versetzte.
Daraufhin begannen alle Ameisen eine begeisterte Forschungsreise. Sie krabbelten von der Schreibfeder auf den Finger, vom Finger auf die Hand und von dort aus weiter. Sie stellten fest, dass die Hand Teil von einem Arm war und dass es davon zwei gab, die an einem Körper befestigt waren, an dem zudem noch zwei Füße hingen, die aber nicht schrieben.
Auf diese Weise entdeckten die Ameisen während ihrer Forschungsreise den gesamten Mechanismus des Schreibens, von der Feder auf dem Papier bis zu dem großen Gebilde, das diese über das Papier führte.
Welchen Zweck das Schreiben hatte und welche Kraft es letztlich kontrollierte, blieb ihnen jedoch trotz all ihrer Untersuchungen immer ein Rätsel.

Eine Weisheitsgeschichte aus dem Islam
Von »Rumi« (Dschalal ad-Din Muhammad Rumi)
Persisch-islamischer Dichter und Mystiker
** 30. September 1207 † 17. Dezember 1273*

Materie ohne Grenzen

Noch immer forschen wir – so wie die alten Yogis in Indien. Bisher wissen Sie durch eigenes Erleben: Es gibt ganz klar und eindeutig »die Welt der Dinge«.

Als Nächstes fällt Ihnen vielleicht auf, dass es einige Phänomene in Ihrem Umfeld gibt, die Sie nicht anfassen, nicht verändern oder genau untersuchen können. Licht beispielsweise ist eindeutig vorhanden, obwohl Sie es nicht anfassen können. Töne hören Sie, aber Sie sehen einen Ton nicht, und greifen können Sie ihn auch nicht.

Sie stellen dann fest: Innerhalb der Schöpfung, die ich wahrnehme und in der ich schwimme, gibt es »Dinge«, die ich nicht anfassen und nicht verändern kann. Es gibt auch solche, die vorhanden sind, ohne dass ich weiß, wo und auf welche Weise sie entstehen. Ich finde die Quelle nicht. Das ist der Moment, in dem Sie entweder gläubig werden oder ein Forscher.

Als Forscher entwickeln Sie vielleicht Hilfsmittel, um das Nichtgreifbare genauer zu untersuchen. Sie verwenden Geräte, um beispielsweise die Eigenschaften des Lichts besser erkennen zu können. Möglicherweise erfinden Sie sogar Instrumente, um die Quelle zu untersuchen, an der Licht entsteht. Dabei erforschen Sie die Reaktion von Molekülen und Atomen, die so viel Energie freisetzt, dass Ihre Augen bestimmte Wellen als sichtbares Licht empfangen können. Wenn Sie ein solcher Forscher wären, würden Sie innerhalb des Themas Licht nach den Gesetzen der Schöpfung suchen. Sie würden versuchen, Gott hinter dem Anfang des Lichts zu finden.

Vielleicht würden Sie als Forscher auch herausbekommen wollen, woraus der Weltraum besteht, in dem sich das Licht fortbewegt. Sie entwickeln aufwändige Instrumente, um die relativ gleich aussehen-

den Lichtpunkte am Himmel zu untersuchen und dann als Planeten, Sonnen oder Galaxien zu erkennen. Dabei kommt in Ihnen vielleicht die Sehnsucht auf, dorthin zu sehen, wo all dies erschaffen wurde. Wenn es so wäre, dann erforschten Sie den Beginn der Schöpfung im Weltall. Sie würden Gott hinter dem Ende des Raumes suchen.
Mit jeder dieser Arten von Suche könnten Sie Ihr ganzes Leben verbringen. Sie würden dabei unglaubliche Erlebnisse haben und Erkenntnisse gewinnen, die zum Fortschritt der menschlichen Entwicklung beitragen können. Doch gleichzeitig würden Sie auf all Ihren Forschungswegen am Ende zu einer naturwissenschaftlichen Essenz über die gesamte »Welt der Materie« kommen: So weit ich auch suche, so tief ich auch blicke, in der Welt der Materie finde ich keine absolute Grenze, hinter der sich Gott verbirgt.

»Ich glaube an Spinozas Gott,
der sich in der gesetzlichen Harmonie des Seienden offenbart,
nicht an einen Gott, der sich mit dem Schicksal
und den Handlungen der Menschen abgibt.«

Albert Einstein
Deutscher Physiker und Nobelpreisträger
** 14. März 1879 † 18. April 1955*

Für wissenschaftlich Interessierte: Eine kurze Reise in das tiefste Geheimnis der Materie

Licht, Luft, Wärme ...: Die Grenzen in der materiellen Welt verwischen also bereits dann schon, wenn Sie sie mit Ihrer eigenen Wahrnehmung genauer untersuchen. Man beginnt zu zweifeln, dass alles wirklich so ist, wie es zu sein scheint. Dasselbe erleben Wissenschaftler, wenn sie die Welt der Gegenstände genau untersuchen. Wenn Sie Lust auf eine kleine Reise an die Grenzen der materiellen Welt haben, brauchen Sie keinen langen Weg zurückzulegen oder ein Studium zu absolvieren. Sie können wieder genau dort beginnen, wo Ihr Leben gerade stattfindet. Nehmen wir als praktisches Beispiel etwas von der Materie, die Sie Ihrem Körper täglich zuführen: Ihre Nahrung. Wenn Sie ein Salatblatt und eine Tomate essen, ist etwa die Hälfte davon der Stoff, aus dem die Zellwände der Pflanze bestehen: Zellulose. Sie essen also in Wahrheit Zellulose, welche die Form und Farbe einer Tomate und eines Salatblattes angenommen hat.

Diese Zellulose besteht vor allem aus den Elementen Kohlenstoff, Wasserstoff und Sauerstoff. Es sind Atome, die wie »Klumpen« – man nennt sie »Moleküle« –- zusammenkleben. Sie essen also in Wahrheit auch eine Ansammlung von Atomen und Molekülen, welche die Form eines Salatblatts und einer Tomate angenommen haben.

Bis hierhin wirkt es noch so, als wären diese winzigen Teilchen, aus denen Ihr Salatblatt und Ihre Tomate bestehen, »einzelne Dinge, die sich voneinander unterscheiden«. Sehr klein zwar, aber immerhin feste Bausteine.

Doch wenn Sie die nächste Grenze untersuchen, ändert sich plötzlich alles. Reisen wir noch ein wenig tiefer ...
Jedes Atom wie Kohlen-, Wasser- oder Sauerstoff besteht aus noch kleineren Bausteinen: Protonen, Neutronen und Elektronen. Einfach gesagt, besteht jede Art von Materie aus den immer gleichen Spielsteinchen, nur je nach Atom anders zusammengesteckt.
Die Forscher entwickelten Instrumente, um diese kleinen Konstruktionen zu beobachten, und sie stellten fest: Die Mikrobausteinchen der Atome berühren sich überhaupt nicht. Stattdessen schweben sie umeinander herum. Sie sind wie winzige Magneten in einem leeren Raum. Manche stoßen sich ab, manche ziehen sich an, andere sind neutral. Ein perfektes Gleichgewicht von Abstoßung und Anziehung sorgt dafür, dass die Bausteinchen trotz verhältnismäßig weiter Entfernung voneinander in einer ganz bestimmten Anordnung schwebend zusammenbleiben.
Und wieder fällt eine scheinbar sichere Grenze in unserem Bewusstsein: Ein Atom ist gar kein festes, kompaktes Teilchen. Es ist nur eine Art Wolke, die aus noch kleineren Teilchen besteht.
Also ging man bei den Untersuchungen noch tiefer in die Materie hinein. Woraus bestehen diese Mikrobausteinchen, die umeinander herumschweben wie in einem ewigen Tanz? Sind wenigstens sie »feste Materie«? Die Grenze der Messinstrumente war inzwischen erreicht. Direktes Beobachten war nicht mehr möglich, und so half man sich mit Experimenten und Berechnungen. Dabei fand man heraus, dass auch diese Atombauteile aus noch kleineren Bestandteilen bestehen. Man gab ihnen den Namen »Quarks«. Und diese Quarks sind Licht!
Damit hat sich auch die letzte erhoffte Grenze der festen Materie

wieder aufgelöst. Die kleinsten Teilchen, aus denen alles scheinbar Feste besteht, sind einfach nur Lichtfunken, die im leeren Raum umeinander herumkreisen. Das »Feste«, wie wir es verstehen, existiert in Wahrheit also nicht.
Auf den Salat und die Tomate, die Sie essen, trifft dies ebenso zu, wie auf den Stein zu Ihren Füßen oder die Bergkette vor Ihren Augen. Jedes Atom davon ist in Wahrheit eine Ansammlung unzähliger winziger Lichtfunken, die um andere Lichtfunken herumschweben. Auf diese Weise spielt das Licht Ihren menschlichen Sinnen vor, es wäre etwas Festes. Gleichzeitig besteht Ihr eigener Körper aus denselben Lichtfunken wie der Berg, auf dem Sie vielleicht wandern. Sie selbst sind ebenfalls Licht, das eine Form angenommen hat.
Die gesamte materielle Welt ist bei genauer Untersuchung eine Art Illusion aus Licht.
Als Forscher kann man also eines ganz sicher sagen: Wenn man die Welt der Materie immer tiefer untersucht, findet man nicht irgendwann ein allerletztes kleinstes Festteilchen. Man findet nicht, wie vielleicht heimlich ersehnt, eine klare Grenze, hinter der sich Gott verbirgt.
Stattdessen geschieht das Gegenteil: Die Grenzen lösen sich auf. Statt der möglicherweise erträumten letzten »Gottbausteine« ist da nur noch Energie, die uns vorgaukelt, es gäbe eine feste Form. Wenn einem dies klar geworden ist, kommt die nächste grundlegende Frage: Woher kommt dieses Licht? Wie sieht der Schritt aus, ehe das Licht sich entschließt, zu Quarks, Elektronen, Atomen, Molekülen zu werden und schließlich die Form von Steinen, Wasser, Luft, Zellen, Salatblättern und Menschenkörpern anzunehmen? Welche Kraft hinter alldem gibt der Energie den Auftrag, sich so zu verhalten?

Um bei der Suche nach Gott voranzukommen, brauchen Sie nun den Schlüssel zu einem weiteren Geheimnis der Schöpfung.

»Gott ist winziger als ein Atom
und größer als der Kosmos.
Alles ist Erscheinungsform Gottes.
Aufgrund unserer Neigung, Unterscheidungen zu treffen,
denken wir, wir seien Individuen.
Es gibt keinen größeren Irrtum in der Welt als diesen.«

Jiddu Krishnamurti
Indischer Philosoph, Autor und spiritueller Lehrer
** 12. Mai 1895 † 17. Februar 1986*

Lesen Sie im nächsten Kapitel: Das Geheimnis der Welt hinter unserer Welt – und was Sie davon jeden Tag erleben.

Das zweite Schöpfungsgeheimnis

Die Welt hinter unserer Welt

Hinter der materiellen Welt,
die Sie täglich erleben, gibt es
eine zweite Realität, mit der Sie
in jedem Augenblick verbunden sind.
Das ist die Welt, aus der Ihre Seele kommt
und in die sie immer wieder zurückkehrt.
Jede Ihrer Entdeckungen
und Erfahrungen mit dieser Welt
ist ein Geschenk für Ihren Weg zu Gott.

Schöpfungsebene 2: Die feinstoffliche Welt
- Ihre Verbindung mit dem Licht -

Wenn Sie an einem Sommertag im Gras liegen und die Wolken am Himmel beobachten, scheint eine einzelne Wolke zunächst nicht besonders materiell zu sein. Vielleicht löst sie sich sogar vor Ihren Augen zu scheinbar nichts auf. Doch sie verschwindet nicht wirklich. Ihre Sinne können einfach nur die einzelnen auseinanderstrebenden Wasserteilchen nicht mehr erkennen.

Wenn sich im umgekehrten Fall in klarer Luft die wenigen zerstreut herumschwebenden Teilchen aus Wasser zusammentun, erleben Sie, wie eine Wolke scheinbar aus dem Nichts entsteht. Falls sich diese Wasserteilchen noch weiter verdichten, werden sie zu Regentropfen oder zu Schneeflocken und fallen herab. Wenn Sie diesen Schnee in Ihre Hand nehmen, wird er wieder zu Wasser; und bliebe das Wasser lange genug in Ihrer Hand, würde es verdunsten und wieder zu einer Wolke werden.

Als hätte Gott die Wolken erfunden, damit Sie seine Schöpfung besser verstehen können.

Die Energie, aus der die Schöpfung besteht, verhält sich ganz ähnlich wie Wolken. Sie kann einen Zustand haben, der sehr dicht ist. Dann nennen wir es »Materie«. Vereinfacht ausgedrückt, wird die Energie zu Atomen und dann zu Metall, Stein oder Holz, zu einem Salatblatt oder zu einer Ihrer Körperzellen. So wie die Wolke, wenn sie sich verdichtet und sich als Regen oder Schnee bei Ihnen zeigt.

Die Energie kann aber auch einen Zustand haben, in dem sie etwas weniger dicht ist. Luft ist so ein Zustand. Oder noch weniger dicht:

Licht. In dieser Dichteform können Sie die Energie immerhin noch mit Ihren Sinnen wahrnehmen, aber nicht mehr anfassen und nicht mehr ohne Hilfsmittel verändern.
Und schließlich kann Energie einen Zustand ähnlich wie die aufgelöste Wolke annehmen. Dann ist sie zwar weiterhin vorhanden, aber nicht sichtbar und auch nicht messbar im herkömmlichen Sinne.
Dieser scheinbar unsichtbaren Form von Energie entspricht die *feinstoffliche Welt* hinter unserer materiellen Welt. Es ist die Welt Ihrer Seele.

»Was für unsere begrenzte Vernunft Magie ist,
ist die Logik des Unendlichen.«

Sri Aurobindo
Indischer Politiker, Philosoph, Hindu-Mystiker und Yogi-Meister
** 15. August 1872 † 5. Dezember 1950*

Das Salz des Lebens

In einer Einsiedelei tief im Wald lebte ein Weiser namens Uddalaka mit seinem Sohn Shvetaketu. Als Shvetaketu erwachsen war, schickte ihn sein Vater zur Ausbildung in ein Kloster, so wie es zu jener Zeit üblich war. Als Shvetaketu nach seiner zwölfjährigen Ausbildung heimkehrte, fragte ihn sein Vater:
»Was hast du im Kloster gelernt, mein Sohn?«
»Ich habe alles gelernt, was man wissen kann, Vater«, antwortete Shvetaketu.
Als sein Vater dies hörte, verstummte er und dachte: Wie hochmütig! Solche Überheblichkeit kann nur aus Unwissenheit stammen.
»Mein Junge, du musst die Essenz aller Dinge erkennen, den Einen, der in allen Geschöpfen des Universums wohnt, die großartige Kraft des Schöpfergottes Brahman.«
»Aber Vater, wenn wir die Essenz nicht mit den eigenen Augen sehen können, wie sollen wir dann wissen, dass sie existiert?«, fragte Shvetaketu irritiert.
»Ich werde es dir erklären, mein Sohn«, versicherte Uddalaka. »Zuerst fülle Wasser in diesen Krug. Dann hol ein wenig Salz und streue es ins Wasser.«
Shvetaketu tat, wie sein Vater es ihm aufgetragen hatte.
»Und nun stell den Krug zur Seite und bring ihn morgen früh wieder zu mir«, sagte Uddalaka.
Am nächsten Morgen kam Shvetaketu mit dem Wasserkrug zu seinem Vater.
»Siehst du das Salz?«, fragte der Vater.
Shvetaketu sah genau hin, aber das Salz war nicht mehr zu sehen.

»Nein, Vater, es muss sich im Wasser aufgelöst haben«, sagte er.
»Koste von dem Wasser obenauf im Krug«, wies ihn sein Vater an.
Shvetaketu tauchte einen Finger in die Wasseroberfläche und kostete davon.
»Es schmeckt salzig«, stellte er fest.
»Jetzt koste etwas vom Wasser am Boden des Krugs«, sagte Shvetaketu.
Shvetaketu tat wie ihm geheißen.
»Es schmeckt auch hier nach Salz«, sagte er.
»So wie du das Salz nicht sehen kannst, mein Sohn, so kannst du auch die Essenz der Schöpfung nicht sehen. Und doch ist sie immer und überall da«, sagte Uddalaka.
Und er schloss mit den Worten: »Mein Sohn, das, was du nicht greifen und dennoch in jedem Tropfen schmecken kannst, das ist die Wahrheit. Dieses allgegenwärtige Wesen ist der Schöpfergeist Gottes. Alles ist von ihm durchdrungen. Auch du, mein lieber Shvetaketu.«

Aus den Upanishaden, den heiligen Schriften des Hinduismus

Jenseits der Materie – Wissenschaft trifft auf Lichtwelt

Engel, Seelen und Schicksalsbegegnungen, innere Stimmen, Klarträume und Traumbotschaften, kleine und große scheinbare »Wunder«, Rückführungserlebnisse und eintreffende Zukunftsvorhersagen, Geistererscheinungen und göttliche Kräfte ...: Viele Menschen, die solche Erlebnisse und Erfahrungen in der feinstofflichen Welt haben, sind davon so berührt und oft auch verwirrt, dass sie Hilfe bei der Erklärung und Verarbeitung suchen. Die klassische Wissenschaft hat jedoch mit praktisch allen Ereignissen auf dieser Schöpfungsebene zwei grundlegende Probleme:

Problem Nummer 1: Die herkömmliche Wissenschaft lässt nur Erklärungsmöglichkeiten auf der ersten Schöpfungsebene zu. Aber es gibt keine Engel in der *materiellen* Welt. Ein Engel kann kein Wasserglas hochheben. Er kann auch kein übliches Messgerät zum Ausschlag bringen. Umgekehrt vermag »der Wissenschaftler« keinen Engel zu fotografieren oder gar abzumessen. Also hat er – aus seiner Perspektive – vollkommen recht, wenn er sagt: »Das ist ein Gespinst Ihres Verstandes, denn es gibt keine Engel.« Für den materiell orientierten Menschen müssen die meisten feinstofflichen Erlebnisse so etwas wie Fantasieprodukte sein. Ihm fehlt für sein Verständnis der Zugang zu einer höheren Schöpfungsebene. Es ist unmöglich, den Himmel zu verstehen, wenn man ihn nie gesehen hat.

Wenn also ein Mensch Erlebnisse in der feinstofflichen Welt hat, gibt es aus Sicht der traditionellen Wissenslehren nur eine mögliche Erklärung: Das Gehirn des Betreffenden hat *Fehlfunktionen,* und diese müssen vielleicht sogar behandelt werden.

Problem Nummer 2: Das Gehirn kann tatsächlich Fehlfunktionen haben. Unser Verstand ist in der Lage, Wahrnehmungen vorzutäuschen. Er kann sozusagen ein scheinbares Erlebnis von selbst herbeiführen: Der Verstand kann fantasieren und »halluzinieren«, sich also etwas so sehr wünschen oder einreden, dass er am Ende wirklich glaubt, es zu erleben. Genau hier ist es für einen unkundigen Außenstehenden unmöglich, zwischen Einbildung und erweiterter Wahrnehmung des Betreffenden zu unterscheiden. Erst jemand, der selbst über diese Wahrnehmungsfähigkeit verfügt und sie zudem noch von verstandesmäßigen Simulationen zu unterscheiden vermag, kann anderen bei solchen Erlebnissen wirklich den Weg weisen.

»Die religiösen Genies aller Zeiten
waren durch diese kosmische Religiosität ausgezeichnet,
die keine Dogmen und keinen Gott kennt,
der nach dem Bild des Menschen gedacht wäre.«

Albert Einstein
Deutscher Physiker und Nobelpreisträger
** 14. März 1879 † 18. April 1955*

Sinnestäuschung, Fantasie oder feine Wahrnehmung?

Die feinstoffliche Welt ist eine komplette eigenständige Realität. Die Vielfalt an Daseinsformen und Ereignissen ist mindestens so groß wie in der materiellen Welt. Die Fehlermöglichkeiten bei der Erforschung der Beschaffenheit dieser Schöpfungsebene mit Hilfe der eigenen Wahrnehmung liegen besonders in der persönlichen Auslegung dessen, was man erlebt. Nicht das Erlebnis selbst ist »falsch«, sondern manchmal das, wofür man es hält. Diese »Forschungsfehler« geschehen in dem Moment, in dem man seine Wahrnehmung *interpretiert.*

Sie kennen das: Man fühlt oder erlebt etwas Eindrucksvolles und versucht, es irgendwie in Worte zu fassen. Doch wir schaffen es ja nicht einmal, die zwischenmenschliche Erfahrung von Liebe exakt zu formulieren. Wie wird es dann erst bei der Begegnung mit einem Engel oder Erlebnissen auf noch höheren Ebenen sein?

Wenn wir es dennoch versuchen, verknüpft unser Verstand das völlig neue Erlebnis oft mit seinen alten Erfahrungen und Bildern aus dem Erinnerungsspeicher. »Was ich gerade erlebt habe, ist so ähnlich wie ... Es fühlt sich genauso an wie ...« Aus dem Ereignis entstehen dann vielleicht ganz persönliche Bilder, Visionen und Deutungen. Auf diese Weise können viele Menschen exakt das gleiche Erlebnis in der feinstofflichen Welt haben, und dennoch erzählen alle unterschiedliche Geschichten davon.

Nehmen wir einmal an, Sie hätten eine Engelerfahrung. Wenn Sie beispielsweise mit der Vorstellung und den Bildern aufgewachsen wären, dass Engel weiße Nachthemden tragen, goldenes Haar haben und über Flügel mit Federn verfügen, könnte in Ihrem Geist beim ersten wirklichen Erlebnis der »Energieform Engel« genau dieses

Bild entstehen. Sie könnten den Engel vor Ihrem inneren Auge so »sehen«, wie Sie es zuvor gelernt haben. In anderen Kulturen erleben Menschen ebenfalls Engel, beschreiben sie jedoch ganz anderes. Man hört dann Berichte wie »Der Engel zeigte sich *in der Gestalt eines ...*«. In Wahrheit nimmt nicht der Engel diese Form an, das ist ihm nicht möglich. Er hat – wie jedes Wesen – seine ganz bestimmte, ihm durch die Schöpfung zugewiesene eigene Gestalt.

Wenn es sich bei Ihrer Erfahrung um ein Engelerlebnis handelt, wäre die Tatsache an sich also objektiv völlig richtig: Der Engel ist da, und Sie nehmen ihn wahr. Doch wie Sie das Erlebnis deuten und es in Worte kleiden, richtet sich nach Ihrer persönlichen kulturellen Ausrichtung.

Daher kann der Bericht eines Menschen über sein Erlebnis auf der feinstofflichen Ebene – obwohl durchaus real – für einen anderen zunächst völlig unverständlich sein. Die Widersprüche lösen sich aber auf, wenn man weiß, dass sie auf unterschiedlichen Arten der Wahrnehmung beruhen.

Wo genau befindet sich Ihre Seele?

Früher sprach man über die Schöpfungsebene der feinstofflichen Welt auch als »Himmel«. Als Gegenstück nannte man unsere materielle Welt »Erde«: »Himmel und Erde« stehen neben ihren konkreten Bedeutungen also auch sinnbildlich für diese beiden Schöpfungsebenen.

Ihre Seele ist ein Teil der feinstofflichen Welt. Sie »lebt« sozusagen »im Himmel« oder »im Licht«. Diese feinstoffliche Welt ist nicht wirklich »über« oder »neben« uns. Stattdessen fließt sie sozusagen durch die materielle Welt hindurch. Sie ist an genau dem gleichen Ort wie die Welt, die wir als gegenständlich wahrnehmen, nur auf anderer Frequenz und Dichte. So wie ein Lichtstrahl gleichzeitig am selben Ort sein kann, wo auch Wasser ist. Licht kann »im Wasser« sein und nimmt ihm dennoch keinen Platz weg.

Auf Ihre (feinstoffliche) Seele bezogen, bedeutet dies vor allem zweierlei:

- Solange Sie leben, befindet sich Ihre Seele am selben Ort wie Ihr Körper. Sie ist sozusagen innerhalb Ihres Körpers, ähnlich, wie Licht im Wasser sein kann.
- Wenn Sie irgendwann sterben, stirbt vor allem Ihr materieller Körper. Doch nur weil ein See austrocknet, verschwindet nicht auch das Licht, das ihn zuvor erhellt hat. Ähnlich verhält es sich mit der Vergänglichkeit des Körpers: Wenn er stirbt, verliert Ihre Seele zwar den Kontaktpunkt zu dieser materiellen Welt, sie selbst jedoch bleibt erhalten und wird für eine Weile wieder zu einer körperlosen Seele in der feinstofflichen Welt. Deshalb sagt man, sie geht »zurück in den Himmel«. Später verbindet sie sich wieder mit einem neuen Körper.

Mehr über diese Vorgänge erfahren Sie, wenn wir uns die Entstehung und Reise der Seele ansehen. Zunächst aber brauchen wir noch ein Verständnis für das vollständige Bild aller Schöpfungsebenen.

»Ein Krug, der im Wasser steht,
ist mit Wasser gefüllt und von Wasser umgeben.
Ebenso sieht die in Gott versunkene Seele
den alles durchdringenden Geist innen und außen.«

Sri Ramakrishna
Indischer Mystiker, spiritueller Lehrer und Yoga-Meister
** 18. Februar 1836 † 16. August 1886*

Alles hat seinen Platz, auch in der Welt hinter unserer Welt

Innerhalb der feinstofflichen Welt gibt es eine natürliche und klare Ordnung, so wie wir auch in unserer materiellen Welt eine natürliche Grundordnung allen Lebens erkennen können. Die feinstoffliche Welt besteht aus mehreren Ebenen, so wie Schichten, in denen alles seinen Platz findet. Diese Ebenen unterscheiden sich durch den energetischen Zustand, also durch das Schwingungsniveau.

Weil das Wissen um die Feineinteilung dieser Unterebenen für die Allgemeinheit etwas zu kompliziert ist, wurden die Beschreibungen vom Aufbau der feinstofflichen Welt von den Religionen und im Volksmund immer mehr vereinfacht, bis schließlich nur noch zwei Begriffe übrig blieben: »Himmel« und »Hölle«, oben und unten.

Die Schöpfungsebene der feinstofflichen Welt mit ihren Energieformen und Bewusstseinszuständen ist ebenso mannigfaltig wie unsere materielle Welt: ein perfektes Spielfeld also, um die Vielfalt der Schöpfung zu erleben; aber auch geeignet, sich verwirren zu lassen. Für Ihre Entscheidung, womit Sie sich auf Ihrem spirituellen Weg beschäftigen, ist es letztlich vor allem wichtig zu wissen, dass es in der feinstofflichen Welt alle Arten von Bewusstseinszuständen gibt, die in der materiellen Welt auch vorkommen können. Das heißt, nicht alles, was aus dieser Schöpfungsebene kommt, muss automatisch auch »gut« für Ihr spirituelles Wachstum sein. Man kann dort Kontakte zu höchsten und reinsten Bewusstseinsformen haben oder zu solchen mit eher »unschönen« Antrieben oder sogar mit »Geistesgestörten«. Am besten machen Sie es wie auch in dieser Welt und hören auf Ihr Herz und auf Ihr Bauchgefühl.

Ein Tipp: Fragen Sie immer nach der »höchsten Wahrheit«.

Himmel und Hölle

Ein Krieger des alten Japan, ein mächtiger Samurai, beschloss, seine spirituelle Bildung zu vertiefen. Er suchte Zen-Meister Hakuin auf, einen berühmten buddhistischen Mönch, der als Einsiedler in den Bergen lebte. Als er ihn gefunden hatte, forderte er: »Lehre mich, was Himmel und Hölle sind!«
Der alte Mönch blickte langsam zu dem Samurai auf und musterte ihn von Kopf bis Fuß. »Dich etwas lehren?«, kicherte er. »Du musst sehr dumm sein, wenn du denkst, ich könnte jemanden wie dich etwas lehren. Schau dich an, du siehst aus wie ein Bettler, bist unrasiert und stinkst.«
Dem Samurai stieg bei diesen Worten die Zornesröte ins Gesicht. Er zog sein Schwert, um dem dreisten Mönch den Kopf abzuschlagen. Meister Hakuin hingegen sah ihn nur gelassen an: »Was du jetzt gerade erlebst, werter Samurai«, sagte er ruhig, »das ist die Hölle.«
Der Samurai steckte daraufhin beschämt sein Schwert zurück. Dieser Mönch hatte gerade sein Leben riskiert, um ihn etwas zu lehren. Tränen stiegen in seine Augen, und er verneigte sich entschuldigend. »Und was du nun erlebst«, sagte der Mönch, »ist der Himmel.«

Eine Weisheitsgeschichte aus dem japanischen Zen-Buddhismus

Das Licht der Welt – Physik trifft auf Gotterfahrung

Falls Sie sich ein wenig für die Physik an den Grenzen der materiellen Welt interessieren und einen Physiker fragen würden: »Was genau ist Licht?«, bekämen Sie wahrscheinlich zur Antwort: »Es kommt drauf an.« Worauf? Auf Sie. Denn wenn Sie Licht genau untersuchten und dabei im Kopf hätten, dass Sie es wie Materie erleben wollen, würde es sich in Ihren Experimenten genauso wie einzelne Materieteilchen verhalten. Sagen wir: wie Murmeln. Wenn Sie Licht als Schwingung erleben wollten und es daraufhin untersuchten, würde es sich in Ihrem Experiment wie eine Welle verhalten, etwa so wie im Wasser.

Dieses einzigartige Phänomen wurde im weltberühmten »Doppelspaltversuch« entdeckt und stellte die Wissenschaft vor eine große Herausforderung. Wie sollte man mit so etwas umgehen? Wie kann etwas in dieser Welt zwei Zustände gleichzeitig haben, je nachdem, was man sehen will? Man konnte es nicht wirklich schlüssig erklären und half sich ersatzweise mit dem »Welle-Teilchen-Dualismus«, ein Modell, das im Grunde vor allem besagt: Es ist einfach so, wie es ist. Wenn Sie das große Bild mit den fünf Schöpfungsebenen kennen, werden Sie ganz leicht nachvollziehen können, warum Licht beides gleichzeitig sein kann. Das Licht, das wir erleben und messen können, entspricht exakt der Entwicklungsstufe von Energie, die am Übergang zwischen der feinstofflichen und der materiellen Welt liegt. Einfach ausgedrückt: Kurz bevor es fest wird, ist es Licht. Das Licht verbindet die ersten beiden Schöpfungsebenen wie eine Art hauchdünne Zwischenschicht. Als »Brücke zwischen den Welten« hat es sowohl schon die Eigenschaften von fester Materie als auch noch die Eigenschaften von »Nicht-Materie«.

*»Es sind die gleichen ordnenden Kräfte,
die die Natur in allen ihren Formen gebildet haben
und die auch für die Struktur unserer Seele,
also auch unseres Denkvermögens verantwortlich sind.«*

Werner Heisenberg
Deutscher Physiker und Nobelpreisträger, Mitbegründer der Quantenmechanik
** 5. Dezember 1901 † 1. Februar 1976*

Die feinstoffliche Welt ist ein überaus spannendes Erlebnisfeld. Diese zweite von fünf Schöpfungsebenen ist für Yogis jedoch nur eine Zwischenstufe zum Wissen über die Kraft, die alles erschaffen hat. Sehen Sie sich als Nächstes an, was hinter dieser Ebene liegt, und erfahren Sie, wie man mit seiner Wahrnehmung dorthin kommt.

Das dritte Schöpfungsgeheimnis

Der alles verbindende leere Raum

Der Raum zwischen Ihnen
und anderen Menschen
und den Dingen trennt Sie nicht.
Dieser Raum verbindet Sie mit allem.
So wie das Wasser alle Wesen im Meer
selbst zum Meer werden lässt.
Wenn Sie die scheinbare Leere
zwischen allem erkunden,
werden Sie die Schöpfung völlig neu erleben.

Schöpfungsebene 3: Der leere Raum
- Die Erfahrung endloser Ausdehnung -

Stellen Sie sich vor, Sie haben eine große Kiste vor sich. Das ist unser Universum. In der Kiste befindet sich ein Schmuckstück. Das ist die Erde – als Beispiel für eine von unzähligen Welten im Universum. Stellen Sie sich nun vor, Sie betrachten das Schmuckstück. Es gibt sonst absolut nichts, außer Ihnen, der Kiste und dem Schmuckstück. Was können Sie in diesem Moment ganz sicher über die Beschaffenheit der Schöpfung sagen?

Erstens: »Da ist ein Schmuckstück. Ein Gegenstand. Feste Materie.« Das ist die materielle Welt.

Zweitens: »Ich kann das Schmuckstück sehen. Das bedeutet, in der Kiste muss noch etwas vorhanden sein, damit das Schmuckstück sichtbar ist: Licht. Nicht greifbar, aber dennoch vorhanden. Eine Form von sehr feiner Energie.«

Das ist die feinstoffliche Welt, auch »die Lichtwelten« genannt.

Ganz sicher wissen Sie auch noch ein *Drittes:* »Das Schmuckstück und das Licht befinden sich beide in derselben Kiste. Das Licht ist sogar genau am selben Ort wie das Schmuckstück, sonst könnte ich es nicht sehen.« Gleichzeitig stellen Sie fest: Innerhalb der Kiste – um das Schmuckstück herum – befindet sich scheinbar »nichts«. Aber das stimmt nicht. Um das Schmuckstück herum ist: leerer Raum. Das ist die Schöpfungsebene des Raums, der alles umgibt.

*»In der Stille der Nacht und des ruhigen, stillen Morgens,
wenn die Sonne die Hügel berührt, liegt ein großes Mysterium.
In einer stillen Nacht, wenn die Sterne klar und nahe sind,
bist du dir des sich ausdehnenden Raumes bewusst
und der geheimnisvollen Ordnung aller Dinge,
des Unermesslichen und des Nichts.
In der tiefen Stille des Geistes
dehnt sich dieses Universum aus
ohne Zeit und Raum.«*

Jiddu Krishnamurti
Indischer Philosoph, Autor und spiritueller Lehrer
** 12. Mai 1895 † 17. Februar 1986*

Ihre Reise zur Entdeckung des Raums

Die bedeutendsten Antworten zum Thema »Leben« sind diejenigen, die das Leben Ihnen direkt gibt. Ebenso verhält es sich mit Gott. Sie erhalten solche Antworten immer dann, wenn Sie sich selbst die richtigen Fragen stellen.

Fragen Sie deshalb ganz einfach aus Ihrem Inneren heraus in das hinein, von dem Sie direkt umgeben sind. Vielleicht so, als könnten Sie die Schöpfung selbst befragen: »Wer bist du? Woraus bestehst du?« Wenn Sie sich aus tiefem Herzen nach Antworten sehnen, dann wird die Schöpfung darauf reagieren. Sie werden verstehen, was das um Sie herum in Wahrheit ist. Und mit jedem Stück an Wissen über die Schöpfung offenbart sich Ihnen Gott.

Die richtigen Fragen zu stellen und sie mit offener Haltung selbst erforschen zu wollen ist ein zentraler Schlüssel.

Also forschen wir.

Wenn Sie sich umsehen, werden Sie feststellen: Sie sind in jedem Moment Ihres Lebens von »Dingen« umgeben. Wenn Sie genauer hinsehen, wird Ihnen auffallen, dass Sie zusätzlich auch von dem Raum zwischen den Objekten umgeben sind. Ganz gleich, wo Sie sich gerade aufhalten, da ist immer deutlich mehr Raum, als Gegenstände vorhanden sind. Sehen Sie nur einmal aus einem Fenster in die Ferne, und schon werden Sie den Eindruck erhalten: In der Schöpfung insgesamt überwiegt ganz eindeutig der leere Raum. Dieser Raum hüllt Sie in jedem Moment ein. Es ist fast so, als ob erst der Raum Ihren Körper überhaupt in diese Welt einbettet.

Wenn Sie in einer schönen Landschaft spazieren gehen, bewegen

Sie sich in Wahrheit durch den Raum fort, der Sie umgibt. Nur den Boden unter Ihren Füßen nehmen Sie als Materie wahr, wenn wir mal von den kaum greifbaren Luftmolekülen absehen. Beobachten Sie selbst, wovon mehr vorhanden ist: landschaftliche Objekte oder leerer Raum?

Wenn Sie zu Hause auf einem Stuhl sitzen, berührt ein Teil Ihres Körpers die Oberfläche des Stuhls. Aber viel mehr von Ihrer Körperoberfläche berührt den Raum. Wenn Sie irgendwann Appetit verspüren, möchten Sie vielleicht aufstehen und sich etwas zu essen holen. Dann ist zunächst einmal noch nicht das Essen mit Ihnen in Berührung, sondern der Raum zwischen Ihnen und dem Essen. Sie wissen, dass Sie diesen Raum durchqueren müssen, damit Ihr Körper Kontakt mit dem Essen aufnehmen kann. Doch was wäre, wenn der Raum Sie bereits jetzt mit Ihrer Mahlzeit verbände? Wenn Raum sozusagen ein Verbindungsstoff wäre und nicht eine Trennung?

Während Sie Ihr Essen anschauen, könnten Sie vielleicht spüren, dass da bereits jetzt eine Art direkte Verbindung zwischen Ihnen und Ihrer Mahlzeit besteht. Vielleicht so wie eine besonders dicke Schicht von Kontaktkleber aus Raum? Was fühlen Sie, wenn Sie als Experiment versuchen, sich dies für einen Moment vorzustellen? Wenn Sie anschließend tatsächlich auf Ihr Essen zugehen, verändert sich da vielleicht einfach nur die Schichtdicke des Kontaktklebers aus Raum?

Stellen Sie sich vor, Sie sitzen im Sessel, und das Fenster ist offen. Spüren Sie den Windzug auf Ihren Armen? Oder die leicht kühle Luft auf Ihrem Gesicht? Fühlen Sie, wie nur wenige, mit dem bloßen Auge unsichtbare Moleküle der bewegten Luft genügen, um Ihre Haut zu streicheln? Worin befinden sich diese Moleküle? Worin schweben

sie? Der Luftzug kommt vielleicht nur, um Sie an den Raum zu erinnern, in dem Sie selbst schwimmen.
Wenn Sie an sich herabsehen, erblicken Sie Ihre Hände. Die Haut Ihrer Hände besteht aus Zellen: Moleküle und Atome, die sich zusammengefunden haben, um Zellen zu sein, damit Sie diese Hände haben können. Vielleicht erahnen oder spüren Sie irgendwo ein einzelnes Atom, das seinen Teil zu einer Zelle Ihrer Haut beiträgt? Woraus besteht dieses Atom, das zusammen mit anderen Ihre Hand ist? Sie erinnern sich: aus Lichtfunken, die umeinander herumschwirren. Und aus dem leeren Raum zwischen diesen Teilchen.
Ruhen Sie sich einen Moment in dieser Wahrnehmung aus.
Wie auch immer diese kleine Reise für Sie ablief, ist genau richtig. Es ist die direkte Antwort der Schöpfung an Sie, in diesem Moment. Falls Sie gar nichts oder eher wenig gespürt haben, ist auch das richtig. Es gibt keine Leistungsvorgabe. Forscher sind deshalb Forscher, weil sie nicht so schnell aufgeben. Versuchen Sie es einfach zu einem späteren Zeitpunkt noch einmal. Vielleicht liegen Sie heute Abend im Bett und nehmen die Dunkelheit und die Stille im Raum wahr, wie sie alles in Ihrem Schlafzimmer einhüllt. Vielleicht erleben Sie den Raum und die Dunkelheit dabei zum ersten Mal als etwas, das »anwesend ist«. Die Schöpfung zu erforschen ist wie ein Spiel, und jeder Mitspieler hat eigene Wege.

Der Staatsmann und sein Ich

Zur Zeit der Tang-Dynastie gab es einen berühmten Staatsmann und General, der wie ein nationaler Held gefeiert wurde. Trotz seines Erfolges und seines Ruhmes hegte er eine tiefe Verbundenheit mit dem buddhistischen Weg. Deshalb suchte er regelmäßig einen Zen-Meister auf, um den Weg des Erwachens zu erlernen.

Schon seit längerem beschäftigte den Staatsmann die Frage, was er selbst eigentlich sei und was es mit der Ichbezogenheit auf sich hatte. Bislang hatte er gezögert, doch eines Tages stellte er seinem Meister die Frage: »Meister, erkläre mir, was aus buddhistischem Wissen heraus die Ichbezogenheit bedeutet.«

Als der Meister diese Frage hörte, nahm sein Gesicht einen überheblichen Ausdruck an, und er sagte: »Wie sollte ich das einem solchen Dummkopf wie Euch erklären können?«

Der Staatsmann fühlte sich tief verletzt, und Zornesröte stieg in sein Gesicht.

Der Zen-Meister sah ihn lächelnd an. »Eure Exzellenz«, sagte er, »genau das, was Ihr gerade spürt, ist Ichbezogenheit.«

Eine Weisheitsgeschichte aus dem Buddhismus

Sichtbares Geheimwissen: Kirche, Dom und Tempel als Schlüsselwege zu Gott

Warum sind Kirchengebäude innen so hoch? Man sagt, um Gott zu huldigen. Man sagt, um die Menschen zu beeindrucken oder sie fühlen zu lassen, wie klein sie gegenüber der Macht Gottes sind. Das sind alles verständliche Begründungen, doch gleichzeitig gibt es einen tieferen, spirituellen Grund. Der leere Raum ist das, was alles verbindet. Sobald Sie den Raum fühlen, lösen sich die Grenzen zwischen Ihnen und der materiellen Welt auf. Ohne diese Grenzen sind Sie ganz nah bei Gott. Der riesige leere Raum im Inneren eines Doms erinnert Ihre Seele an die Unendlichkeit.

Sie können dieses Erlebniswunder selbst anhand Ihrer eigenen Wahrnehmung nachprüfen. Wie fühlt es sich an, wenn Sie einen Dom oder eine große Kirche betreten? Vielleicht ist da ein Kribbeln an den Armen oder am ganzen Körper? Oder eine Art inneres ehrfürchtiges erschauern? Oder es ist so, als würde etwas in Ihnen seufzen und sich ausdehnen? Wie ein Moment von Befreiung, eine Pause von der Last des Alltags. Oder es fühlt sich einfach an, als ob etwas Großes, Mächtiges Kontakt mit Ihnen aufnähme.

Dieses Gefühl entsteht durch die Erinnerung Ihrer Seele an die Weite des Raums, der alles in dieser Schöpfung zu einer Einheit verbindet. Warum dies für Ihre Seele ein so bedeutsames Schlüsselerlebnis ist, werden Sie spätestens entdecken, wenn wir weiter hinten im Buch die Entstehung und Reise Ihrer Seele ansehen.

Zurück zum Dom und seiner gefühlten Weite. Machen Sie nun ein Experiment. Vielleicht genügt dafür schon Ihre Erinnerung an einen früheren Besuch in einer Kirche. Sehen Sie sich Decken oder Wände an. Da sind Gewölbe, Säulen, Gemälde, Statuen. Nehmen Sie sich

ein paar Details vor, und untersuchen Sie diese genauer. Vielleicht möchten Sie herausfinden, welche spirituelle Botschaft hinter diesem Gemälde oder jener Figur steckt?
Fühlen Sie wieder: Bleibt das »große Gefühl« dabei erhalten oder verschwindet es langsam?
Voraussichtlich verschwindet es, je mehr Sie Ihren Beobachtungen und Gedanken über die Einzelheiten nachgehen. Jedes Detail, jede Figur, jedes Bildnis, jede Säule ist Teil der materiellen Welt. Deshalb verschwindet Ihr Gefühl, nahe bei Gott zu sein, wenn Sie allzu sehr über die Beschaffenheit der »Dinge« in der Kirche nachdenken. Wenn Sie hingegen nur dasitzen und die Umgebung auf sich wirken lassen, werden Sie größer. Dann lässt die materielle Welt Sie für ein paar Augenblicke los. Dann atmet etwas in Ihnen auf und verbindet sich mit der Unendlichkeit.

Mit dem Wissen um das Geheimnis der Schöpfungsebene des Raums haben Sie den Weg gefunden, um persönliche Erfahrungen mit der Welt hinter der Materie zu machen. Doch auch der Raum muss irgendwann entstanden sein. Wie? Und was befindet sich dahinter?

Das Auge Gottes

Ganz nah an Gott ist das,
was alles beobachtet.
Ohne Bewertung. Ohne Eingriff.
Ohne Gedanken. Ohne Zeit.
Nur das Auge Gottes,
das die Schöpfung betrachtet.
Reine Wahrnehmung ist der Zustand
direkt vor den Pforten zur Unendlichkeit.
»Es ist, wie es ist.«
Das ist Ihr Weg.

Schöpfungsebene 4: Der Beobachter
- Das Erlebnis des zeitlosen Daseins -

Das Schmuckstück in der Kiste ist also die materielle Schöpfung. All die Galaxien und Sonnen und Planeten. All die Details und das Leben auf den Planeten. Ihr eigener Körper und die Dinge, die Sie umgeben.
Das Licht und all die anderen Zustände von Energie innerhalb der Kiste, das ist die feinstoffliche Welt. Die Ebene der Seelen, Engel, göttlichen Kräfte ...
Der Raum innerhalb der Kiste ist das Weltall.
Und Sie beobachten das alles von außen.
Wer sind Sie gerade?
Sie sind das, was die Schöpfung betrachtet.
Ohne Bewertung, ohne etwas zu tun. Sie sehen nur in die Kiste mit dem Raum darin, mit dem Schmuckstück und dem Licht. Mehr ist da nicht.
Das ist die Ebene des Beobachters. So nimmt Gott seine Schöpfung wahr. Das Betrachten der Materie, des Lichts und des Raums zwischen allem findet einfach nur statt. Sonst geschieht nichts.

Ihre Entdeckung des Beobachters

Manchmal haben Worte es schwer, das Große zu treffen. »Der Beobachter« ist keine Person und kein Wesen, sondern eine Schöpfungsebene. Es ist »ein Zustand«, so wie Materie ein Zustand ist, oder Licht und Raum. Auf der Schöpfungsebene des Beobachters findet einfach nur das Beobachten statt.

In Ihnen selbst ist die gesamte Schöpfung enthalten, also auch diese Ebene des Beobachters. Das Auge Gottes sieht durch Sie hindurch in die Welt, so wie es durch jeden Menschen und jedes lebende Wesen hindurchsieht. Mit diesem Bewusstsein können Sie durch eine belebte Fußgängerzone gehen und in die vielen Augen der Menschen sehen, die dort herumlaufen. Und Sie wüssten, dass durch all diese Augen gleichzeitig immer auch Gott in seine eigene Schöpfung blickt. Und immer wenn ein Mensch Sie ansieht, sieht von der Ebene dahinter auch Gott Sie an. Dann erlebt Gott Sie durch den Filter dieses Menschen hindurch auf eine ganz spezielle Art.

Sie selbst erfahren den gedankenfreien Zustand des Beobachters im Kleinen immer wieder. Wenn Sie versonnen und gedankenlos auf den See starren und die beiden Schwäne beobachten, die in der Abendsonne an Ihnen vorbeiziehen. Wenn Sie als kurze Pause Ihrer Arbeit aus dem Fenster sehen und Ihr Blick sich in der Ferne verliert. Wenn Sie scheinbar Ihren Gedanken nachhängen und dabei erschreckt bemerken, dass Sie in Wahrheit aufgehört haben, zu denken. Wenn Ihnen etwas so neu oder so seltsam vorkommt, dass Sie es für ein paar Sekunden einfach nur anstarren, ohne dass sich ein Gedanke erhebt. Immer dann, wenn Sie bemerken, dass

soeben »etwas« wie versonnen durch Ihre Augen hindurch die Welt betrachtet hat, haben Sie den Beobachter erfahren. Dann ist es, als hätte Gott für einen Moment lang durch Sie hindurch ungefiltert in seine Schöpfung gesehen.
Sie können den Zustand des Beobachters in sich herbeiführen. Schließen Sie einfach Ihre Augen, und fragen Sie sich innerlich: »Was wird mein nächster Gedanke sein?« Und dann warten Sie ab, was geschieht.

Beobachten ohne Bewertung – Ein Schlüssel zur Unendlichkeit

Ein Beobachter bewertet nicht – so wie Gott selbst. Viele Religionen und spirituelle Lehren fordern dazu auf, man solle sich darin üben, nicht zu verurteilen und nicht zu bewerten. Das hat einen Grund, der im zwischenmenschlichen Bereich zu suchen ist, und es hat einen spirituellen Grund.
Die Beurteilung und Bewertung anderer führt zu Unfrieden und unschönen Gefühlen. Man respektiert den anderen nicht, wie er ist; und das gibt Unfrieden. Der spirituelle Grund ist, dass man durch Bewertung in Gut und Schlecht, Schön und Unschön, Annahme und Ablehnung letztlich auch die Schöpfung nicht so respektiert, wie sie ist. Und damit versperrt man sich den Blick auf das, was Gott ist.
Je mehr Sie den Beobachter in sich wahrnehmen, umso direkter führt Sie Ihr Weg aus dem Zustand der Bewertung heraus. Als reiner Beobachter befinden Sie sich dicht vor der Tür zur Unendlichkeit.

Der Rabbi im Himmel

Eine jüdische Gemeinde machte sich große Sorgen um ihren Rabbi. Der alte Meister verschwand seit einiger Zeit immer genau zu Beginn des Sabbats aus der Synagoge. Die einen befürchteten, er hätte seine Pflichten vergessen, die anderen waren besorgt, ob er nicht die Sabbatgesetze brach. Wieder andere erinnerten die übrigen Gemeindemitglieder daran, wie bekannt der Rabbi für seine Heiligkeit war und dass er wahrscheinlich regelmäßig verschwand, um in den Himmel aufzusteigen. Vielleicht traf er dort sogar den heiligen Elija persönlich und bat darum, von den Gebrechen seines Alters verschont zu bleiben.

Um letzte Gewissheit zu bekommen, beschlossen die Gemeindemitglieder eine Tages, einen Spion einzusetzen. Dieser sollte dem alten Rabbi folgen und herausfinden, wohin er jeden Sabbatabend ging. Der Tag kam, und kaum waren die Sabbatkerzen gelöscht worden, verließ der Alte die Synagoge. Er schlich sich die Straße hinunter, durchquerte auf einem steinigen Weg den Wald und stieg dann mühsam einen Berg hinauf in Richtung einer kleinen Hütte. Der Spion, der ihm unbemerkt folgte, sah den Rabbi kurz anklopfen, um dann im Inneren zu verschwinden. Der Spion näherte sich der Hütte und erkannte im schwachen Licht eines fast niedergebrannten Feuers den Umriss des Rabbis durch das Fenster. Er drückte sich in der Dunkelheit an die Hauswand, schob sich langsam unter das Fenster und blickte dann vorsichtig ins Innere der Hütte.

Was er sah, hätte er sich in den kühnsten Träumen nicht vorstellen können: Auf einem Strohsack am Boden lag eine Frau, die ganz offensichtlich nicht zur Gemeinde gehörte. Eine Heidin. Sie war sehr dünn, ihr Gesicht war fahl, und das Atmen schien ihr schwerzufallen. Als Erstes fegte der Rabbi den Fußboden des Raums. Dann holte er Holz und entfachte das Feuer wieder. Anschließend holte er frisches Wasser vom Brunnen hinter dem Haus. Und letztlich kochte er der Frau einen großen Kessel Suppe und stellte ihn neben ihre Schlafstatt. Das genügte dem Spion. Er rannte den Berg hinunter, durch den kleinen Wald, zurück in den Ort, wo die Gemeindemitglieder bereits gespannt auf ihn warteten.

»Was hast du gesehen? Ist unser Rabbi tatsächlich in den Himmel gegangen?«, fragte man ihn. In manchen Stimmen schwang dabei Hoffnung mit, in anderen hörte man Verachtung.

Der Spion zögerte kurz mit seiner Antwort, dann sagte er: »Euer Rabbi ist nicht in den Himmel gegangen. Er ist um einiges höher gestiegen.«

Eine jüdische Weisheitsgeschichte

Sehen Sie sich in Gedanken noch einmal die Kiste an, die das Universum symbolisiert, mit dem Schmuckstück darin und dem Licht. Gibt es dort, wo Sie selbst gerade sind, während Sie in die Kiste schauen, »Zeit«? Oder gibt es die Zeit nur innerhalb der Kiste?

Dort, wo nur beobachtet wird, gibt es keine Zeit. Vielleicht hatten Sie schon Erlebnisse, in denen man etwas sagt wie: »Ich habe für einige Augenblicke die Zeit verloren.« Es sind immer die Momente, in denen Ihr Denken still wird und Sie einfach nur erleben, was gerade da ist.

Aus diesem Grund haben selbst intelligente Tiere praktisch kein Gefühl dafür, dass »Zeit vergeht«. Sie haben nur ein Gefühl dafür, wann ein bestimmter Zeitpunkt gekommen ist, etwa zur Futterzeit. Wenn Sie zum Beispiel Ihren Hund allein lassen, hat er keine Ahnung, ob Sie gleich wiederkommen, in drei Stunden oder niemals. Er kann Zeit nicht verstehen. Ihren Hund verlassen Sie jedes Mal für eine Ewigkeit. Deshalb freut er sich nach zehn Minuten genauso darüber, Sie wiederzusehen, wie nach zehn Stunden. Zeit als Fluss zu empfinden ist ein Privileg, das wir Menschen haben.
Die Schöpfungsebene des Beobachters ist übrigens nicht das, was oft als »Drittes Auge« bezeichnet wird. Das Dritte Auge ist die Fähigkeit eines Menschen, Ereignisse und Zustände in der feinstofflichen Welt wahrzunehmen. Wenn jemand die Aura eines anderen sieht oder wenn er über das Leben oder die Zukunft von anderen plötzlich etwas weiß, ist das eine Fähigkeit des Dritten Auges. Auch die Intuition oder das »Bauchgefühl« fallen in den Bereich des Dritten Auges.

Da ist also »etwas, was alles beobachtet«. Ohne zu handeln, ohne zu denken. Ohne nach vorn oder nach hinten zu sehen. Diese vierte Schöpfungsebene ist bereits sehr nah an der Quelle, die alles erschaffen hat und in jedem Moment erschafft. Erfahren Sie im nächsten Schöpfungsgeheimnis mehr darüber, was diese Quelle ist.

Das fünfte Schöpfungsgeheimnis

Das Meer aus Unendlichkeit

Das Meer aus unendlichem Bewusstsein selbst
ist das, was alles enthält, alles erschafft
und in dem gleichzeitig alles stattfindet.
Dieses Meer ist Gott,
aus dem sich der grosse Weltentraum erhebt.
Nichts führt Sie dorthin,
nur weil Sie es so wollen.
Das Meer wird Sie holen,
wenn die Seele bereit für die Rückkehr ist.
Ihre Wegweiser sind Ihre immer wieder
neuen Antworten auf die Frage:
»Wer bin ich?«

Schöpfungsebene 5: das Sein
- Die Begegnung mit der Quelle -

Sie beobachten also die Kiste mit dem Schmuckstück, mit dem Licht und mit dem Raum darin. Und dort, wo Sie selbst gerade sind, findet nur das Beobachten der Kiste statt. Keine Zeit. Kein Raum.
Wer oder was ist in diesem Moment »hinter Ihnen«?
Wer oder was beobachtet gerade »durch Sie hindurch«?
Es ist das Unendliche. Die Quelle von allem. Das, was alles erschaffen hat und ständig neu erschafft. Sowohl das Schmuckstück als auch das Licht und den Raum. Das, was sogar den Zustand des Beobachters selbst erschaffen hat, um diese Schöpfung als Ganzes wahrnehmen zu können.
Diese fünfte und höchste Schöpfungsebene wird oft »das Meer des unendlichen Bewusstseins« genannt. Oder kurz: *»das Sein«.*
Nun können Sie noch besser verstehen, warum Gott selbst nichts »tut«. Die Quelle von allem, das Meer aus Göttlichem Bewusstsein, befindet sich noch hinter dem »Beobachter«. Gott ist das, was dies alles träumt und dabei den eigenen Traum beobachtet. Dieses Meer bewertet nichts in Gut oder Schlecht. Es ist einfach nur das Meer, das alles enthält.
Das »Tun«, mit dem wir Menschen uns so sehr beschäftigen müssen – also die Veränderung von Materie –, findet nur in unserer gegenständlichen Welt und in der feinstofflichen Lichtwelt statt. Um bei unserem Bild zu bleiben: sozusagen innerhalb der Kiste. Galaxien, Sonnen und Planeten entstehen und mit ihnen das Leben. Seelen werden zu Menschen und ziehen danach wieder in die feinstoffliche

Seelenebene. Menschen lieben sich, oder sie führen Krieg in der materiellen Welt. All das geschieht ohne direktes Handeln oder gar Eingreifen dessen, was Gott auf höchster Ebene wirklich ist. Das Meer »handelt« nicht.

»Zeit und Raum sind Stücke,
Gott aber ist Eines.
Soll daher die Seele Gott erkennen,
so muss sie ihn erkennen
oberhalb von Zeit und Raum.«

Meister Eckhart (Eckhart von Hochheim)
Deutscher Theologe und Philosoph, Dominikaner
** Um 1260 † 30. April 1328*

Gott und die Götter, Bilder und Figuren – Alles hat seinen Platz

Auch wenn das unendliche Meer aus Bewusstsein selbst nicht eingreift, so gibt es dennoch Kräfte, die den Ablauf der Schöpfung gestalten. Kräfte, die erzeugen und zerstören und alles immer in Bewegung halten. Diese Kräfte heißen seit Menschengedenken »göttliche Kräfte« oder »Schöpfungskräfte«. Oder auch »die Götter«. Ihr Platz ist die zweite Schöpfungsebene, also die *feinstoffliche Welt.*

Volkstümlich ausgedrückt: der Himmel. Symbolisiert werden diese Schöpfungskräfte in den verschiedenen Kulturen und Religionen oft als menschen- oder tierähnliche Figuren.

So steht zum Beispiel die indische Göttin Kali oder der Gottaspekt Shiva für die Zerstörung und den folgenden Neubeginn. Natürlich gibt es keine konkrete »Person« mit Gesicht, Armen und Beinen, die im Wolkenhimmel schwebt und alles kaputt macht. Die Götterfigur ist vielmehr eine Erinnerungshilfe für den menschlichen Verstand an die Schöpfungskraft der Veränderung, die wie eine riesige Strömung in der Welt hinter unserer Welt wirkt. Viele Menschen, denen das Symbol und der Schöpfungsaufbau nie wirklich erklärt wurden, glauben vielleicht, es gäbe eine solche Gestalt. Doch der Eingeweihte weiß, dass in Wirklichkeit die großen Kräfte des Universums und nicht deren personifiziertes Abbild verehrt werden.

Beobachtet man als Angehöriger einer anderen Kultur, wie Gläubige vor einer solchen Götterfigur niederknien und beten, könnte man glauben, diese Menschen würden dem Abbild selbst huldigen. Wenn man dann noch sieht, dass die Betenden ebenso weiteren verschiedenen Figuren die Ehre erweisen, könnte man meinen, sie hätten das wahre Wesen Gottes nicht verstanden. Auf diese Weise entstand die weltumspannende Diskussion darüber, ob es nur einen Gott gibt oder viele Götter und ob »Bilderverehrung« und »Götzendienst« richtig sind oder falsch.

Wenn man den Schöpfungsaufbau versteht, weiß man, dass keiner irrt und alle recht haben.

»Ich bin Christ, Hindu, Moslem und Jude.«

Mahatma Gandhi
Indischer Staatsmann, spirituelle Leitfigur und Philosoph
** 2. Oktober 1869 † 30. Januar 1948*

Gebete und Dankbarkeit

Die göttlichen Schöpfungskräfte sind also alle ein Teil der feinstofflichen Welt. Und sie reagieren tatsächlich auf die Bewusstseinskräfte von Menschen. Was sie dabei in Bewegung bringt, ist das Resonanzgesetz.

Wenn Sie zum Beispiel zu Gott beten und ihm danken, verändert sich Ihr Bewusstsein. Sie strahlen etwas deutlich anderes aus als ein Mensch, der alles Göttliche oder Spirituelle ablehnt oder verurteilt. Sie strahlen auch etwas anderes aus als ein Mensch, der unzufrieden ist oder Gott anklagt oder immer noch mehr und mehr haben will. Gott reagiert nicht auf das, was Sie haben wollen. Die Schöpfungskräfte reagieren auf das, was Sie in Wahrheit ausstrahlen. Immer wenn Sie zum Beispiel in Dankbarkeit beten, senden Sie eine Welle in die Schöpfung, und mit dieser Welle treten die Schöpfungskräfte in Resonanz. Falls Sie hingegen nur einmal im Jahr formelhaft danken, befindet sich Ihr Bewusstsein nie oder nur ganz kurz in diesem Zustand. Das bewegt die großen Kräfte kaum. Wenn Sie jedoch immer wieder aus tiefem Herzen danken, strahlen Sie das auf

Dauer aus, und die großen Kräfte haben hinreichend Gelegenheit, mit Ihnen in Resonanz zu kommen. Dann wird die Schöpfung auf Sie reagieren, und Ihr Leben wird sich nachhaltig verändern.
Bleiben wir beim Beispiel Ihrer Dankbarkeit gegenüber Gott. Das Resonanzgesetz bewirkt auf der feinstofflichen Ebene also eine Reaktion. Wie ist diese Reaktion? Wenn Sie Gott danken, bekommen Sie ja nicht automatisch Dankbarkeit von Gott zurück. Was genau macht Ihre Dankbarkeit in Ihrem persönlichen Bewusstsein wirklich aus, sodass die Schöpfungskräfte darauf reagieren?
Wahre Dankbarkeit bedeutet Hingabe. Keine Forderungen. Sie beenden Ihren Kampf gegen das Leben. Die Resonanz: Ihr Leben beendet den Kampf gegen Sie. Es beginnt wieder zu fließen. Was genau bedeutet »fließen«? Wenn Ihr Leben im Fluss ist, werden Sie sozusagen aus der Warteschleife entlassen. Dankbarkeit beendet die ewigen leidvollen Wiederholungen in Ihrem Leben. Neues kann kommen. Nicht alles von dem Neuen ist immer genau so, wie man es haben will. Manches wird allerdings auch viel schöner sein, fast wie ein Wunder. Anderes wird vielleicht zuerst unangenehm sein. Gott gibt keine Garantien, und Gott lässt nicht mit sich handeln. Gott fließt. Und vor Ihren Füßen liegt immer das Angebot, diesen Fluss anzunehmen und sich von ihm mittragen zu lassen. Um den genauen Weg müssen Sie sich dabei nicht sorgen. Der Fluss bringt Sie wie von selbst ins ersehnte Meer zurück.

Die Begegnung mit Gott

In einem fernen Land lebte einst ein König, den am Ende seines Lebens Schwermut befallen hatte. »Schaut«, sprach er, »ich hatte in meinem Leben alles, was ein Sterblicher erleben und mit seinen Sinnen erfassen kann. Nur etwas habe ich nie sehen können: Gott.«
Und der König befahl allen Würdenträgern, Weisen und Priestern, ihm Gott nahezubringen. Schwerste Strafen wurden ihnen angedroht, wenn sie dies nicht binnen drei Tagen vermöchten. Tiefster Schrecken überkam alle Diener des Königs, und sie erwarteten ihr baldiges Ende.
Nach drei Tagen ließ der König sie rufen. Jedoch der Mund der Mächtigen, der Weisen und der Priester blieb stumm, und schon wollte sie der König dem Scharfrichter überantworten, als ein Hirte vom Felde kam, der von dem Befehl des Königs gehört hatte. Er trat vor ihn hin und sprach: »Gestatte mir, o König, dass ich deinen Wunsch erfülle.«
»Gut«, entgegnete dieser, »aber bedenke, dass es um deinen Kopf geht!« Der Hirte führte nun den König vor den Palast und wies auf die Sonne: »Schau hin«, sprach er. Der König blickte in die Sonne, aber diese blendete ihn so sehr, dass er die Augen schloss.
»Willst du, dass ich mein Augenlicht verliere?«, sprach der König zum Hirten.
»Aber König, das ist doch nur der Abglanz der Größe Gottes. Wie willst du mit deinen schwachen Augen Gott schauen? Suche ihn mit den Augen des Herzens.«
Diese Antwort gefiel dem König sehr, und er sagte zum Hirten: »Ich

erkenne deinen Geist und die Größe deiner Seele. Beantworte mir nun meine zweite Frage: Was war vor Gott?«
Der Hirte besann sich und sagte: »Zürne mir nicht wegen meiner Bitte, Herr, aber beginne zu zählen!«
Der König begann: »Eins, zwei …«
»Nein«, unterbrach ihn der Hirte, »nicht so. Beginne mit dem, was vor eins kommt.«
Der König entgegnete: »Wie kann ich das? Vor eins gibt es doch nichts.«
»Sehr weise gesprochen, o Herr, auch vor Gott gibt es nichts.«
Diese Antwort gefiel dem König noch weit besser als die erste, und er sagte zu dem Hirten: »Ich werde dich reich beschenken, aber beantworte mir vorher noch meine dritte Frage: Was macht Gott?«
Der Hirte bemerkte, dass das Herz des Königs weich geworden war. »Gut«, antwortete er, »auch diese Frage kann ich beantworten. Nur um eines bitte ich dich: Lass uns für ein Weilchen die Kleider tauschen.«
Der König legte die Zeichen seiner Königswürde ab, kleidete damit den Hirten, und sich selbst zog er den unscheinbaren Rock an und hängte sich die Hirtentasche um. Der Hirte setzte sich nun auf den Thron, ergriff das Zepter und wies damit auf den an den Thronstufen stehenden König: »Siehst du, das macht Gott: Die einen erhebt er auf den Thron, und die anderen heißt er heruntersteigen!«
Daraufhin zog der Hirte wieder seine eigene Kleidung an. Der König aber stand ganz versonnen da. Das letzte Wort dieses schlichten Hirten brannte in seiner Seele. Plötzlich erkannte er, was er selbst in Wahrheit war, und voller Freude sprach er: »Jetzt schaue ich Gott!«

Leo Nikolajewitsch Graf Tolstoi
Russischer Schriftsteller
** 9. September 1828 † 20. November 1910*

Nun haben Sie in einer ersten Übersicht die fünf großen Ebenen kennengelernt, aus denen sich die Schöpfung zusammensetzt:

Ebene 5: das Sein.
Ebene 4: der Beobachter (das Auge Gottes).
Ebene 3: der Raum.
Ebene 2: die feinstoffliche Welt.
Ebene 1: die materielle Welt.

Manches ist Ihnen nun vielleicht klarer geworden. Und manches verwirrt Sie vielleicht in diesem Moment noch. Fragen kommen auf. Das ist vollkommen normal. Gedulden Sie sich noch etwas, das Bild wird vollständig werden.

»Das Universum ist ein Gedanke Gottes.«

Friedrich Schiller
Deutscher Dichter, Philosoph und Historiker
** 10. November 1759 † 9. Mai 1805*

Die Entstehung der Schöpfungsebenen

Auf den vergangenen Seiten sind wir von Ihrem Leben im Hier und Jetzt hinausgereist in die Schöpfungswelten hinter der materiellen Welt. Sie haben einen ersten Überblick über den Aufbau der Schöpfung bekommen. Doch wie ist dies alles entstanden? War da ein Gott, der wie eine Art Zauberer bestimmte Worte sprach oder ein Bild malte – und plötzlich gab es unsere Erde? Oder war da ein unerklärlicher »Urknall«, und plötzlich gab es das gesamte Weltall? Wie genau entstand diese Schöpfung, in der wir in jeder Sekunde schwimmen wie Tropfen im Meer? Und was war davor?

Ehe wir in der Genesis, in Buddhas Aussagen und anderen heiligen Überlieferungen nachsehen, verschaffen wir uns eine kurze Übersicht über das, was die großen Yogis und Heiligen herausgefunden haben. Mit dieser Klarheit können Sie dann die alten Schriften entschlüsseln und verstehen.

Wie alles anfing …

Beginnen wir unsere Reise an dem Punkt, an dem noch nichts existierte, was man überhaupt als Schöpfung ansehen könnte. Beginnen wir im *Meer des unendlichen Bewusstseins.*

Schöpfungsebene 5: das Sein.

Das unendliche Meer des reinen Bewusstseins. Die Quelle von allem und gleichzeitig das, in dem immer alles enthalten ist. Ohne Form und ohne Licht. Ohne Wahrnehmung und ohne Handlungen. In diesem Meer aus »Göttlichem Bewusstsein« existieren weder Zeit noch Raum. In einem Meer ohne Zeit und Raum gibt es auch nichts, was wir als »Anfang« oder als »Ende« bezeichnen könnten. Ein Meer ohne Eigenschaften.

Schöpfungsebene 4: Der Beobachter entsteht, das Auge Gottes.

»Etwas« löst sich aus dem Meer des Bewusstseins heraus. Wie ein Tropfen. Der Tropfen und das Meer bestehen aus dem identischen reinen Göttlichen Bewusstsein. Doch nun kann der Tropfen von seinem »Standpunkt« außerhalb des Meeres das Meer überhaupt erst wahrnehmen: Gott beobachtet sich jetzt erstmals selbst. Das unendliche Meer erfährt die allererste »Information«: die Tatsache, dass es selbst existiert. Bildlich gesprochen, beobachtet der Tropfen gerade: »Es gibt mich. Und da drüben ist etwas. Wie ein Meer.«

Schöpfungsebene 3: Der Raum entsteht.

Der Tropfen – der nun einen Beobachter hat – »erkennt« als Nächstes, dass er vom Meer »getrennt« ist. Das setzt eine Kette von weiteren Erkenntnissen in Bewegung: Wenn etwas getrennt ist, *muss* es logischerweise ein »Hier« und ein »Dort« geben. Und es *muss* zwangsläufig einen Abstand zwischen beidem geben. In dem Moment, in dem sich der Tropfen dessen bewusst wird, entsteht – allein durch diese Wahrnehmung des Beobachters – der *Raum*. Das träumende Göttliche Bewusstsein erzeugt den Raum genau in dem Augenblick, in dem ihm klar wird, dass da Raum sein *muss*. Einfach gesagt, erkennt der Tropfen gerade: »Mich gibt es. Und es gibt auch noch das Meer. Und zwischen mir und dem Meer ist leerer Raum.«

Schöpfungsebene 2: Die feinstoffliche Welt entsteht.

Der Tropfen aus Bewusstsein beobachtet also das Meer *aus Bewusstsein* und nimmt sich dabei selbst im Raum wahr.
Der nächste Schritt ist die »Erkenntnis« des Tropfens darüber, dass er selbst nicht unendlich ist. Der Tropfen hat einen Anfang und ein Ende. Eine Oberfläche, eine Begrenzung, eine Hülle. In diesem Moment entsteht das Bewusstsein darüber, dass es *Formen* gibt.
Praktisch gleichzeitig entsteht die weitere Erkenntnis: Etwas, was eine Form hat, kann es nur geben, wenn tatsächlich »etwas da ist«, was diese bestimmte Form annimmt. Dieses »Etwas« ist noch keine feste Materie, aber es ist wie eine Vorstufe dazu. Es ist *eine ganz feine Form von Energie*. Durch die Erkenntnis »Hier muss etwas sein« bildet sich im

träumenden Göttlichen Bewusstsein das, was man die *»feinstoffliche«* Welt nennt.
Der Tropfen »weiß« nun Folgendes: »Mich gibt es. Und ich habe eine Form. Es gibt Raum um mich herum. Ich bin nicht länger im Meer. Und ich selbst bestehe aus irgendetwas.«

Schöpfungsebene 1: Die materielle Welt entsteht.

Wenn Sie in Ihrem Leben etwas in den Mittelpunkt Ihrer Aufmerksamkeit nehmen, wird das nicht wirkungslos bleiben. Es wird sich etwas verändern. Es ist ein wenig so, wie wenn Sie Ihre Gedanken auf ein Problem konzentrieren. Ihre Gedanken werden dann eindeutig »dichter«. So als würden immer mehr davon dieses eine Thema umkreisen. So ähnlich ist es beim Göttlichen Bewusstsein, das alles erschaffen hat und ständig neu erschafft. Wenn es sich auf etwas ausrichtet, konzentriert es sich. Dann entsteht irgendwann »besonders dicht zusammengepacktes Bewusstsein«. Dem haben die Menschen der Einfachheit halber ein neues Wort gegeben: »Energie«. Oder auch: »Licht«.
Je mehr sich das Bewusstsein konzentriert, umso mehr konzentriert sich die Energie. Sie wird also dichter. Wenn die Energie dichter wird, ist sie nicht mehr nur ein »aufgelöstes Meer aus irgendetwas«, so wie eine ungreifbare Wolke. Wenn Energie dichter wird, entsteht etwas Greifbares. Aus dieser dichten Energie besteht die materielle Welt, die Sie um sich herum erleben.

Die Welt im Kleinsten – Licht umkreist Licht

Das erste und winzigste derzeit wissenschaftlich erforschte Schöpfungsteilchen wird von der Forschung als »Quark« bezeichnet. Eine andere Theorie spricht von »Strings«. Beide meinen etwas Ähnliches: eine winzige Energieansammlung im ansonsten leeren Raum. Wie ein Pünktchen aus Licht. Ein Pünktchen aus konzentriertem Göttlichem Bewusstsein.

Diese Quark-Lichtpünktchen schließen sich zusammen und werden gemeinsam zu etwas, was wir ein »Elektron« nennen, oder ein »Proton« oder ein »Neutron«, die Bausteine von Atomen.

Einige Lichtpünktchen schließen sich wiederum zusammen und ordnen sich um einen gemeinsamen Mittelpunkt an, den wir »Atomkern« nennen. Ein Atomkern besteht ebenfalls aus Pünktchen von konzentrierter Energie, aber höher verdichtet und magnetisch anders aufgeladen als die herumkreisenden Elektronen.

So einfach entsteht Materie: Kleine Energiepünktchen fliegen um andere Energiepünktchen herum. Sie stoßen sich ab und ziehen sich an wie Magneten. Und diejenigen, die dabei ein stabiles Gleichgewicht gefunden haben, bleiben wie ein Team zusammen.

Ein solches festes Team ist dann das, was wir als (scheinbar) festes Atom erleben. Die Anzahl von unterschiedlichen Atomen ist sehr überschaubar. Kluge Menschen haben sie geordnet und im »Periodensystem« aufgeschrieben.

Das Periodensystem der Elemente (= Atomarten), das Sie vielleicht im Chemieunterricht kennengelernt haben, beschreibt also in Wahrheit nichts anderes als die Anzahl der unterschiedlichen Teams von göttlichen Lichtpünktchen, die man bisher gefunden hat, und die Eigenschaften, die bei ihnen beobachtet wurden.

Eine wichtige Eigenschaft dabei ist, dass sich manche Lichtpünktchenteams anziehen und andere abstoßen. Manche finden wie starke Magneten zueinander und bleiben fast untrennbar zusammen. Dann nennen wir sie »Moleküle«, Moleküle sind also etwas größere feste Klumpen aus Lichtfunkenteams.
Andere Lichtpünktchenteams wollen auf gar keinen Fall zusammenkommen. Oder höchstens unter großem Zwang, so wie Hitze oder Druck. Nur wenn Naturereignisse (oder Menschen) viel Energie aufwenden, zwingen sich diese Lichtteilchen zusammen und werden ebenfalls ein Molekül.
Es gibt nun also Atome aus Lichtfunken und Moleküle aus Lichtfunken. Das Anziehen und Abstoßen geht immer weiter, und die Klumpen aus Licht werden immer größer und vielfältiger. Irgendwann sind sie so groß und vielfältig, dass etwas entsteht, was wir als Materie erleben. Ein Stein. Wasser. Eine Pflanze. Ein Mensch. Ihr Körper. Viele Steine. Viel Wasser. Ein Planet. Eine Sonne.

»Die Natur verbirgt Gott!
Aber nicht jedem!«

Johann Wolfgang von Goethe
Deutscher Dichter, Philosoph und Naturwissenschaftler
** 28. August 1749 † 22. März 1832*

Die Welt im Größten – Alles umkreist alles

Ganz gleich, wie groß die Klumpen aus Lichtfünkchenmaterie auch werden mögen, sie machen einfach immer weiter wie im ersten Moment.

Die Planeten – riesige Lichtfunkenteams – im leeren Raum des Universums tun ganz genau dasselbe wie die winzigen Lichtfunkenteams eines Atoms. Sie schließen sich zusammen und kreisen um ein gemeinsames Zentrum namens Sonne. Exakt so, wie die Elektronen um ihr gemeinsames Zentrum namens Atomkern kreisen. Und zwischen allem befindet sich – wie ein ewig währendes Füllmittel – immer derselbe leere Raum.

Fast so, als gäbe es eine Anweisung von Gott, die ganz einfach sagt: »Und alles kreist um alles, sich abstoßend und sich anziehend. Das ist das ewige Lebensgesetz der materiellen Welt.«

Diese Planeten, die um ihre gemeinsame Sonne kreisen, so wie Elektronen um einen gemeinsamen Atomkern kreisen, nennen wir »Sonnensystem«. Ein Sonnensystem ist wie ein Atom.

Im Universum gibt es unzählige solcher Sonnensysteme. Mal mit größeren Sonnen im Zentrum, mal mit kleineren. Mal mit mehr Planeten, mal mit weniger. Sonnensysteme sind verschieden, so wie auch Atome verschieden sind. Auch hier arbeiten kluge Menschen daran, diese Sonnensysteme in einer Ordnung niederzuschreiben. Wie eine Art Periodensystem des Weltalls.

Und auch ganze Sonnensysteme mitsamt all ihren Planeten können sich im leeren Raum des Weltalls begegnen. Und wieder wirkt das gleiche Gesetz der Schöpfung und sorgt dafür, dass sie sich anziehen

und abstoßen und damit beginnen, um einen gemeinsamen Mittelpunkt zu kreisen. Dann nennen wir sie »Galaxien«.
Der milchig helle Streifen aus Licht, den Sie in manchen klaren Nächten am Himmel beobachten können, ist eine solche Galaxie. Wir Erdbewohner sind mittendrin in dieser Galaxie und können deshalb nur von der Seite darauf sehen. So wie ein Teller genau von der Seite aus gesehen für Ihr Auge nur als schmaler weißer Rand erscheint. Unsere kreisende Galaxie nennen wir wegen des optischen Eindrucks als schmaler leuchtender Streifen am Himmel »Milchstraße«. In der Unendlichkeit des leeren Raums gibt es unzählige solcher Galaxien, ähnlich unserer Milchstraße. Und selbst wenn sich ganze Galaxien begegnen, beginnen sie wieder, umeinander herumzukreisen, als gäbe es zwischen ihnen einen geheimnisvollen unsichtbaren Mittelpunkt.
Wenn wir genau hinsehen und wenn wir bei der Untersuchung des Allergrößten das Allerkleinste nie aus den Augen verlieren, stellen wir fest: Alles wiederholt sich in der immer gleichen Art und Weise. Die Schöpfung folgt stets exakt denselben Schöpfungsgesetzen. Und wir können sagen: Alles im Universum besteht letztlich nur aus Energie. Unendlich viele Lichtpünktchen, die im Raum zusammenkommen, um im Göttlichen Traum miteinander zu tanzen.
Deshalb sagen manche großen Weisen, diese Welt zu erleben sei nur ein besonders intensiver Traum. Sie meinen damit den Traum Gottes, von dem Sie ein Teil sind. Nicht Sie träumen dieses Leben, sondern Gott und das Leben träumt Sie.

»Das erfuhr ich in der Welt als das größte der Wunder,
dass die Erde nicht war, noch der Himmel oben,
dass Baum nicht wuchs, noch Berg nicht war, noch irgendein Tier,
dass die Sonne nicht schien, noch leuchtete der Mond,
noch irgendein Stern,
dass nicht wallte die mächtige See.
Als da gar nichts war an Enden und Wenden,
da war doch der eine, der allmächtige Gott.«

Aus dem Wessobrunner Gebet
Kloster Wessobrunn, Deutschland
Um 800

Nun haben Sie eine Übersicht über die Entstehung der Realität gewonnen, in der Sie leben. Lassen Sie uns jetzt in den großen heiligen Schriften nachsehen, ob wir mit diesem Wissen die wahren Botschaften hinter den scheinbar einfachen Schöpfungsgeschichten entschlüsseln können.

Das sechste Schöpfungsgeheimnis

Die Wahrheit aller Religionen

Das geheime Wissen darüber, was Gott ist, wie man Gott findet und wie diese Schöpfung entstand, wurde sorgfältig unter einer Oberfläche verborgen. Wenn Sie über die geheimen Schlüssel verfügen, können Sie die gemeinsame Wahrheit in allen Religionen, Überlieferungen und heiligen Schriften entschlüsseln.

Das Wissen über die Unendlichkeit - Buddha oder die Bibel – Wer hat recht? -

Religionen, Glaubensrichtungen, spirituelle Strömungen und die Philosophie diskutieren seit Jahrtausenden darüber, wer mit seinem Wissen über Gott und die Schöpfung nun wirklich recht hat. Buddha oder die Bibel? Atheismus, Hinduismus, Philosophie, Naturreligion? Ist da nun ein Gott, sind es viele Götter oder ist da eher das Nichts? Wenn Sie die Geheimnisse der Schöpfungsebenen kennen, wissen Sie die Antworten bereits. Die Schöpfung hat für alles Platz, auch für alle Erfahrungen, Meinungen, Kulturen und Glaubensrichtungen. Sie können jede Überzeugung und jede Religion genau untersuchen und werden feststellen: Es sind alles nur scheinbar verschiedene Wege zum selben Ziel. Es sind alles »richtige« Wege, um über die Grenzen des materiell denkenden Verstandes hinauszugehen und mit dem Größeren in Berührung zu kommen:

- Wenn ein Hindu die Figur von Vishnu oder Kali verehrt, dankt er einer Schöpfungskraft auf der *zweiten Schöpfungsebene*, also in der *feinstofflichen Welt.*
- Wenn ein Buddhist vom Nirwana spricht, meint er das Meer des Unendlichen Bewusstseins auf der *fünften Schöpfungsebene*, das *Sein.*
- Wenn ein Christ zu Gott betet, meint er die höchste *Schöpferquelle*, das Meer. Wenn der Christ zu einem Heiligen, zu Jesus oder zu einem Engel betet, wendet er sich an eine *hohe Bewusstseinsform* in der *feinstofflichen Welt.*

- Wenn ein Schamane einen Naturgeist anruft, stellt er Kontakt zu einer *Schöpfungskraft* auf der *feinstofflichen Ebene* her.
- Wenn ein Atheist erklärt, es gäbe nichts außer dem Körper und dem Messbaren, spricht er seine Erfahrungen in der *materiellen Welt* aus. Er berichtet von seinem Glauben an die Grenzen dieser *ersten Schöpfungsebene*.
- Wenn Philosophen oder Geistliche die Wahrheit über Gott und das Menschsein suchen, denken Sie nach, und sie diskutieren vielleicht. Dabei erforschen sie die Grenzen ihres Denkens, der Worte und der Logik. Sie forschen danach, alle Irrtümer und unlogischen Glaubensvorstellungen innerhalb der *materiellen Welt* zu erkennen, damit sich für sie eine Tür zu der Welt dahinter öffnen kann.
- Wenn ein Philosoph oder Geistlicher eine Wahrheit jenseits aller Worte gefunden hat, verstummt er vielleicht, oder er wird wortkarg. Oder aber er versucht, sein Wissen in ganz neuer Form in Worte zu fassen. Dann wird er vielleicht zusätzlich zu einem großen Dichter.
- Und wenn ein wirklich großer Wissender seine Erfahrung über Gott und die Schöpfung in Worte fasst, dann wählt er oft Formulierungen und Gleichnisse, deren Sinn sich nicht für jeden gleich erschließen. Und doch berühren diese Worte, weil hinter ihnen die höchste Wahrheit steht. Dann fühlt es sich an, als würde Gott selbst direkt zu unserem Herzen sprechen.

Wer, was, wo ist »Gott«? – Buddhas Antwort an seine Schüler

Was Sie bis jetzt erfahren haben, erklärte Buddha seinen Schülern mit wenigen Worten. Wie viele große Lehrer formulierte er das Wissen so, dass nur Eingeweihte es wirklich verstehen können.

»Es ist, ihr Mönche, jenes Reich,
wo nicht Erde noch Wasser ist,
nicht Feuer noch Luft,
nicht unendliches Raumgebiet,
noch unendliches Bewusstseinsgebiet,
nicht das Gebiet der ›Nichtirgendetwasheit‹,
noch das Gebiet der Wahrnehmung und auch Nichtwahrnehmung,
nicht diese Welt noch eine andere Welt,
[nicht] beide, Sonne und Mond.
Das, ihr Mönche, nenne ich weder Kommen noch Gehen,
noch Stehen noch Vergehen, noch Entstehen.
Ohne Stützpunkt, ohne Anfang, ohne Grundlage ist das,
ebendies ist das Ende des Leidens.«

Buddha (Siddharta Gautama)
Erwachter spiritueller Lehrer, Begründer des Buddhismus
** Etwa 563 v. Chr. † etwa 483 v. Chr.*

Die Wahrheit hinter Buddhas Antwort

Mit Ihrem Wissen um den Aufbau der Schöpfungsebenen können Sie die Wahrheit des Buddha nun auch selbst erschließen.

»Es ist, ihr Mönche, jenes Reich	Die Quelle, die ihr so sehr sucht, findet ihr
wo nicht Erde noch Wasser ist,	nicht in der *materiellen Welt* (Erde und Wasser als Symbole für die erste Schöpfungsebene),
nicht Feuer noch Luft,	nicht in der *feinstofflichen* Welt (zweite Schöpfungsebene),
nicht unendliches Raumgebiet,	nicht das Gefühl der Ausdehnung im *leeren Raum* (dritte Schöpfungsebene, was bei bestimmten Meditationen geschieht),
noch unendliches Bewusstseinsgebiet,	nicht in dem Gefühl, alles zu wissen, alles zu erfahren und alles zu sein,
nicht das Gebiet der »Nichtirgendetwasheit«,	nicht in der Erfahrung, die sich für euch anfühlt wie: »Da ist nichts« oder »Ich bin nichts«,
noch das Gebiet der Wahrnehmung und auch Nichtwahrnehmung,	nicht im Erlebnis des *Beobachters* (vierte Schöpfungsebene) und nicht in der Abwesenheit des Beobachters,

nicht diese Welt noch eine andere Welt,	weder in diesem noch in anderen Universen in der Schöpfung,
nicht beide, Sonne und Mond.	weder im Licht noch in der Dunkelheit.
Das, ihr Mönche, nenne ich weder Kommen noch Gehen, noch Stehen noch Vergehen, noch Entstehen. Ohne Stützpunkt, ohne Anfang, ohne Grundlage ist das,	Erst wenn all das nicht mehr stattfindet, seid ihr im Meer des Unendlichen Bewusstseins angekommen: im *Sein* (fünfte Schöpfungsebene).
ebendies ist das Ende des Leidens.«	Hier ist das Ende eurer sehnsuchtsvollen Suche.

An Buddhas Worten erkennen Sie: Ohne das entsprechende Wissen bereits zuvor zu haben, offenbart sich Ihnen – allein aus einem kurzen Text heraus – die Wahrheit nicht so einfach. Deshalb wird über viele spirituelle Texte seit Jahrhunderten so viel diskutiert, geschrieben und interpretiert. In manchen Fällen wird es dabei noch komplizierter statt einfacher und zugänglicher. Irgendwann kann es so komplex werden, dass man als Nichtexperte für heilige Schriften das Gefühl bekommt, man müsste am besten einfach »glauben«, was die Experten sagen.

Mit dem Wissen über den Aufbau der Schöpfung kommt für Sie mehr Klarheit und Verständlichkeit in die heiligen Texte, und Sie können erkennen: In ihrer tiefen Essenz haben sie alle recht. In den scheinbar so verschiedenen Schriften und Überlieferungen wird immer dasselbe über die Schöpfung berichtet, nur die Wortwahl ist, je nach Zeitabschnitt und Kultur, verschieden.
Lassen Sie uns das noch etwas weiter nachprüfen. Wie ist es mit dem Christentum? Wenn unsere Reise bisher stimmt, müssten wir in den Beschreibungen der Bibel über die Schöpfung dieselbe Wahrheit finden wie in den Aussagen Buddhas.
Doch zuvor brauchen Sie noch einen weiteren Geheimschlüssel ...

»Ich habe alle Religionsbräuche geübt:
den Hinduismus, den Islam, das Christentum.
Und ich bin auch die Wege
der verschiedenen Sekten des Hinduismus gegangen,
und ich habe gefunden, dass es derselbe Gott ist,
zu dem sie alle streben,
wenn auch auf verschiedenen Wegen.«

Sri Ramakrishna
Indischer Mystiker, spiritueller Lehrer und Yogi-Meister
** 18. Februar 1836 † 16. August 1886*

Die Verschlüsselung der heiligen Schriften

»Die Verschlüsselung der heiligen Schriften«, was bedeutet das? Angenommen, Sie hatten vor einigen Jahren eine schöne Beziehung. Vielleicht hatten Sie eine Partnerschaft, in der Sie eine Zeit lang glücklich waren. Und angenommen, Sie haben erlebt, wie es auseinanderging. Vielleicht hat der/die andere Sie verlassen. Sie erlebten zuerst das große Abenteuer des Kennenlernens, anschließend das aufregende Glück des Angenommenwerdens, dann das tiefe Glück von Liebe und Geborgenheit. Danach erlebten Sie vielleicht gelegentlich mulmige Gefühle von beginnender Unstimmigkeit und vielleicht auch die Ängste, den anderen zu verlieren.

Irgendwann kam es zur Trennung, und Sie wurden verlassen oder mussten selbst den anderen verlassen lernen. Sie erlebten den Schock und all die aufkommenden unschönen Gefühle. Vielleicht dachten Sie, Sie würden niemals mehr ein glücklicher Mensch werden, die schönste Zeit Ihres Lebens wäre für immer passé. Nach einiger Zeit ließen die Auswirkungen des Schocks immer mehr nach, und es wurde ruhiger in Ihnen. Und irgendwann, vielleicht erst nach ein paar Jahren, wurden Sie wieder glücklicher, ob Sie nun einen neuen Partner hatten oder auch nicht.

Stellen Sie sich vor, Sie hätten so etwas Ähnliches bereits erlebt und nun käme ein Freund oder eine Freundin überraschend zu Ihnen und sagte: »Mein(e) Partner(in) hat mich gerade verlassen.«

In diesem Moment wissen Sie alles. Sie hören nur diese wenigen Worte, aber Sie wissen ganz genau, was gerade in dem anderen vor sich geht. Sie wissen, was er jetzt gerade »erlebt«. Vielleicht tauschen Sie sich noch über die äußeren Umstände des Geschehens aus, die aber nicht wichtig sind. Wichtig für Ihr Mitgefühl und Verständnis ist, dass Sie genau wissen, was im Inneren Ihres Gegenübers gerade abläuft. Zuerst das Glück, die Liebe, die Geborgenheit. Dann die ersten unstimmigen Gefühle und Zweifel. Anschließend der innere Kampf der Empfindungen. Vielleicht noch, dass man sich selbst etwas vormacht und dann doch die Wahrheit erkennen muss ... Das alles ist *Ihre eigene Vergangenheit*, und nun ist es die Gegenwart Ihres Gegenübers. Vielleicht erkennen Sie – während Sie dem anderen Nähe und Beistand spenden – gerade einen Teil von sich selbst.

Der andere Mensch sitzt also vor Ihnen; und während er den Ablauf der letzten Tage und Stunden erzählt, ist Ihnen gleichzeitig vollkommen klar, an welcher Stelle seines inneren Lebensweges er gerade steht. Nicht nur das, Sie wissen auch, wie es für ihn weitergehen wird. Sie wissen um die Selbstzweifel, die kommen werden, um die Vorwürfe und um die Wut, die auftauchen wird. Sie wissen um die innere Leere, die beim anderen entsteht, und um die Verzweiflung, die ihm kommen wird, vielleicht sogar bis zu dem Punkt, da man vor lauter Sinnlosigkeit nicht mehr leben möchte. Und Sie wissen, dass Ihr Gegenüber aus alldem auch wieder herauskommen wird. Sie wissen, dass es ein Licht am Ende seines Tunnels gibt.

Um von diesem Licht zu hören, ist der andere zu Ihnen gekommen. Er möchte verstehen, wo er gerade steht und warum alles so geschehen ist. Und er möchte in all seinem Schmerz und den verwirrenden Gefühlen von Ihnen daran erinnert werden, wo das Licht ist.

All dies wussten Sie, schon als Sie nur den einen kurzen Satz gehört haben: »Mein Partner hat mich gerade verlassen.« Es ist eine

Geheimsprache für Wissende. Sie waren selbst an allen Orten, die dieser kurze Satz beschreibt. Ein Satz, der die Erlebnisse und Erfahrungen vieler Lebensjahre wachrufen kann. Ein Satz mit unendlicher Tiefe über eine Befindlichkeit des menschlichen Seins.

Jemand, der noch nie einen Partner hatte und auch noch nie verlassen worden ist, versteht von diesem Satz praktisch nichts. Er würde vielleicht mit den Schultern zucken und sagen: »Na und?« Er würde nur die »Bildgeschichte« verstehen, die ihm sagt: »Ein Mensch verlässt einen anderen Menschen. Punkt. Was soll das bedeuten? Wo ist das Problem?« Jemand, der es nicht erlebt hat, versteht die Tiefe und die wahre Bedeutung nicht. Er versteht nicht, dass dieser Satz einen wichtigen Teil in der großen Schöpfungsgeschichte des Menschseins beschreibt.

Sie selbst könnten den »verschlüsselten« Satz »Mein Partner hat mich verlassen« ganz genau und facettenreich beschreiben, denn Sie haben das Wissen über die gesamte Tragweite dieses Geschehens. Sie können es sozusagen »maximal ausführlich« erklären. Ob der andere es überhaupt wissen will, ob er Ihnen innerlich folgen kann und ob er es auch wirklich so versteht wie Sie, darauf haben Sie natürlich keinen Einfluss.

Viele Beschreibungen in den heiligen Schriften der Menschheit können Sie sich genau so vorstellen. Wer die Botschaft dahinter verstehen will, braucht »den Schlüssel der eigenen Erfahrung«. Oder jemanden, der ihn in das geheime Wissen »einweiht«.

Ein Schüler fragte den Sufi-Meister Mullah al-Hallaj einmal nach der Identität Gottes.
Der Meister antwortete: »Mit einem Geist frei von Sorgen habe ich Gott mit dem Auge des Herzens erblickt. Ich fragte Gott: ›Wer bist du?‹ Und Gott antwortete: ›Du selbst.‹ «

Geschichte aus dem Sufismus, einer Weisheitslehre des Islam

Schöpfungswissen: Unendlichkeit, in begrenzte Worte gekleidet

Manche Menschen, denen sich der Aufbau der Schöpfung »offenbarte«, also »zeigte«, schrieben nieder, was sie erfahren haben. Oder sie gaben es als Vermächtnis an ihre Schüler weiter, die es dann dokumentierten. Diese großen Meister, Heiligen und Eingeweihten versuchten, das eigentlich Unaussprechliche, das ihnen widerfahren war, dennoch möglichst gut mit Worten und Sätzen zu beschreiben, um es für die Menschen zu erhalten. Immer wieder überarbeiteten sie die Texte und schliffen an den Formulierungen. Sie verbesserten sie so lange, bis aus ihrer Sicht und in ihrer Sprache keine weitere Optimierung mehr möglich schien. Dabei mussten Sie oft auch noch berücksichtigen, was man überhaupt offen sagen *durfte.*
Als Ergebnis entstanden fast immer scheinbar einfache, bildhafte Geschichten. Geschichten »für das Volk«. Doch für die Eingeweihten enthielt eine solche Geschichte die Essenz des geheimen Wis-

sens, wie eine Erinnerungshilfe. Auf diese Weise versuchte man, die Wahrheit von Generation zu Generation weiterzutragen, ohne dass sie in den Wirren der Menschheitsgeschichte verlorenginge.

Bildgeschichten und die Wahrheit dahinter

Spirituelles Wissen hinter simpel anmutenden Bildgeschichten (Parabeln, Gleichnissen) zu verstecken ist eine uralte Methode der Eingeweihten. Die Wahrheit hinter der Geschichte wurde vielfach nur im direkten Dialog an ausgewählte Schüler weitergegeben. Wer um die Bedeutung beispielsweise einer Hieroglyphe, einer Höhlenmalerei, einer religiösen Figur, einer Legende oder eines Tanzes nicht weiß, wird nur eine eher unverständliche Darstellung erleben. Sie benötigen *zuvor* die Übergabe des Wissens. Erst *nachdem* Sie eingeweiht worden sind, können Sie die wahre Botschaft in der Geschichte verstehen.

Mit Ihrem Wissen um den Schöpfungsaufbau haben Sie eine solche Einweihung erhalten. Nun werden Sie die Schöpfungsbotschaften aller Religionen und spirituellen Überlieferungen immer mehr zu deuten verstehen. In den Worten und Bildern – also in der »Verpackung« – mögen sie kulturell verschieden sein. In ihrer Essenz sind sie gleich.

Möchten Sie einmal mit dem Wissen der Yogis um den Aufbau der Schöpfung die Bildsprache einer großen heiligen Schrift entschlüsseln? Lassen Sie uns mit dem Beispiel der biblischen Schöpfungsgeschichte, der Genesis, beginnen und dies einmal durchführen. Es ist ganz einfach, nur ein paar mehrdeutige Worte müssen wir vorher noch erklären.

Die Sprache in der Genesis – wahre Worte richtig deuten

Sprache war früher oft einfacher, bildhafter und manchmal weniger differenziert als heute. Für das tiefe Verständnis der heiligen Schriften müssen Sie wissen, dass manche Begriffe für mehrere Bedeutungen stehen können. In der Genesis sind beispielsweise zwei wichtige Worte gleich mehrfach belegt – »Himmel« und »Erde«:

- Mit dem Wort »Himmel« kann entweder der Teil der Natur über Ihrem Kopf gemeint sein oder die *feinstoffliche Welt* (zweite Schöpfungsebene, zum Beispiel in der Redewendung »in den Himmel kommen ...«).
- Mit dem Wort »Erde« kann sowohl die Erde auf dem Acker gemeint sein als auch unser Planet. Oder die erste Schöpfungsebene, die *materielle Welt*.
- »Erde« kann aber auch viertens »die Schöpfung« bedeuten. Die Bibel wurde immer wieder übersetzt und neu ausgelegt. Besonders im Mittelalter gab es viele Überarbeitungen. Zu dieser Zeit setzte man unsere Erde oft mit dem Mittelpunkt der gesamten Schöpfung gleich.
- Die Wortkombination »Himmel und Erde« kann entweder unseren Planeten mit seiner Atmosphäre bezeichnen. Je nach Zusammenhang kann es aber auch bedeuten: »die Schöpfung«, das ganze Universum, also unsere Realität. Man sagt auch heute noch: »Es gibt Dinge zwischen Himmel und Erde ...«, und man meint damit: »Es gibt Dinge in dieser Realität ...«

- Und schließlich noch das Wort »Licht«: Damit kann die sichtbare Helligkeit der Sonne gemeint sein oder die zweite Schöpfungsebene, also die feinstofflichen »Lichtwelten« aus hochschwingender Energie.

Nun sind Sie gut vorbereitet, um sich genau anzusehen, wie die bildhafte Sprache der Genesis den Schöpfungsvorgang auf genau die gleiche Art und Weise beschreibt wie die größten Yogis dieser Welt. Und genau so, wie es in der materiellen Welt auch die moderne Wissenschaft bestätigt.

GENESIS

DIE SCHÖPFUNGSGESCHICHTE DER BIBEL

DAS GEHEIME WISSEN HINTER EINER SCHEINBAR EINFACHEN BILDGESCHICHTE

Wie bei allen heiligen Schriften hat jedes einzelne Wort eine große Bedeutung: Nichts an der Genesis ist zufällig. Man muss sich nur die Zeit nehmen und die Aufmerksamkeit aufbringen, es genau zu durchleuchten.

Gleich der erste – scheinbar so einfache – Satz erfordert das tiefste »Geheimwissen«. Er kann nur von denen verstanden werden, die den Aufbau der Schöpfung bereits vorher kennen. Der Nichteingeweihte hingegen bleibt wohl in der eher vordergründigen Bildgeschichte stecken. Und genauso war es von den Schreibern auch beabsichtigt.

Am Anfang schuf Gott Himmel und Erde.

»Himmel und Erde« stehen hier für »die Schöpfung«. Es bedeutet also: »Am Anfang schuf Gott die Schöpfung.« Das klingt zunächst verwirrend. Wozu muss man das sagen? Mit dem Wissen der Yogis gelesen, wird die große Bedeutung klar. Der erste Satz richtet sich an alle, die schon viel wissen und erforscht haben und sich gleichzeitig immer wieder die ewige bohrende Frage stellen: Und was war davor? Und noch davor ...? Und noch weiter davor ...?

Die Antwort lautet: Nichts war davor. Das *war* der Anfang. Der Moment, als diese Schöpfung begann, war der absolute Nullpunkt. Davor gab es nur reines Bewusstsein. Ohne jede Eigenschaft, ohne Zeit, ohne Anfang und ohne Ende.

Der erste Satz sagt also: Der Moment, als die Schöpfung zu existieren begann, war der Anfang von allem. Vor diesem Anfang gab es nichts.

Und die Erde ...

Gemeint ist wieder die Schöpfung. Die Erde wurde als Mittelpunkt und als Symbol für die Schöpfung gesehen.

... war wüst ...

Das Wort »wüst« wurde in alten Texten für »ohne Form« verwendet. In manchen neueren Bibelübersetzungen wurde es auch konsequenterweise in »formlos« korrigiert. Am Anfang gab es also »keine Form«. Formen gibt es nur, wenn auch Raum existiert. Es gab also auch noch keinen Raum.

... und leer, ...

Es war nur Leere. Absolut nichts. Keine Materie, keine Strahlung, keine Energie.

... und es war finster ...

Jeder, der das Unendliche Bewusstsein bislang erfahren durfte, berichtet, dort gebe es nicht einmal Lichterscheinungen, denn auch Licht ist ein späterer Schritt auf dem Schöpfungsweg.

... auf der Tiefe, ...

Könnten Sie dorthin reisen, so würden Sie das Große Bewusstsein wie ein unendliches Meer bei Nacht wahrnehmen. Sie selbst mittendrin schwebend, ohne Raum, ohne Zeit, in »der Tiefe«.
Mit Ihrem Wissen um den Schöpfungsaufbau lesen Sie die bisherigen Worte also etwa so: »Der Zustand vor dem Beginn der Schöpfung ist ein Zustand ohne Form, ohne Raum, ohne Schwingung, ohne Licht. Es ist unendliches, zeitloses, reines Bewusstsein.«
Alle Yogis, Heiligen und Meister, deren Bewusstsein sich bis zu diesem Urbeginn von allem ausdehnte, waren sich darüber einig, dass man ihn am besten mit dem Bild eines »endlosen dunklen Meeres aus Bewusstsein« beschreibt. Ein Nichts, das dennoch alles enthält, aus dem später alles entsteht. Dieser Anfang von allem ist *das Sein, die fünfte Schöpfungsebene.*

... und der Geist Gottes schwebte auf dem Wasser.

Beachten Sie, dass es *nicht* heißt: »... und *Gott* schwebte auf dem Wasser«, sondern: »... der *Geist Gottes* schwebte auf dem Wasser.« Es wird beschrieben, wie sich ein Teil des Großen Bewusstseins herauslöst. Ein Tropfen erhebt sich aus dem Meer und betrachtet das Meer, aus dem er selbst besteht. *Der Beobachter* entsteht, die *vierte Schöpfungsebene.*

Dies ist der allererste Schritt einer unendlichen Schöpfungsreise, auf der das Große Bewusstsein sich selbst erfährt. Es ist, wie wenn Sie einen Spiegel benutzten, um etwas über sich zu erfahren. In diesem Schritt, wenn der »Geist Gottes auf dem Wasser schwebt«, gibt es die allererste Art von Wahrnehmung: die Wahrnehmung, dass »etwas« da ist, auch wenn ansonsten noch überhaupt nichts geschieht bzw. erkennbar ist: kein Raum, keine Zeit, kein Gegenstand, keine Form, keine Bewegung. Nur die Beobachtung findet statt. Vom Tropfen aus gesehen mit Blick auf das Meer.

Haben Sie schon mal von diesen Wassertanks gehört, in die man sich zur Entspannung begibt, zum »Floating«? Man treibt scheinbar grenzenlos in einem abgeschlossenen Behälter mit körperwarmem Salzwasser. Alles ist darauf angelegt, für einige Minuten möglichst keinerlei Sinneswahrnehmungen zu haben. Selbst das Gefühl, einen Körper zu besitzen, löst sich im warmen Wasser auf. Wenn Sie sich vorstellen, in einem solchen dunklen Floatingtank zum ersten Mal aufzuwachen, ohne jemals zuvor aufgewacht zu sein, kommen Sie der Vorstellung des ersten Schöpfungsschrittes etwas näher. Sie sind da, aber Sie nehmen absolut nichts wahr, wissen nicht, wer oder was

Sie sind. Sie wissen auch nicht, wo Sie sind und was Zeit und Raum ist. Sie wissen nur, dass Sie »da sind«.

Noch eine weitere Information steckt in dem Satz »... und der Geist Gottes schwebte auf dem Wasser«: Der Tropfen beobachtet also das Unendliche Bewusstsein, dem er entsprang. Allein dadurch erkennt er, dass er und das Meer nun nicht mehr eins sind. Der Tropfen befindet sich an einem anderen Ort als das Meer. Er »schwebte auf dem Wasser«.

In diesem Moment wird dem Beobachter eines klar: Es gibt ein Hier, und es gibt ein Dort. Es gibt verschiedene Orte, und dazwischen ist ein Abstand. Mit dieser Erkenntnis entsteht, auf menschliche Dimensionen übertragen, »ein Raumgefühl«. Der *leere Raum* entsteht, *die dritte Schöpfungsebene.*

Ein Wissender liest den zweiten Teil des Beginns der Genesis also etwa so: »Aus dem Unendlichen Bewusstsein löst sich ein Teil heraus und wird zum Beobachter. Damit entsteht die Fähigkeit, etwas wahrzunehmen. Mit dieser Fähigkeit nimmt der Beobachter nicht nur das Meer aus Bewusstsein wahr, aus dem er gerade kommt. Er nimmt auch wahr, dass zwischen ihm und dem Meer ein Abstand liegt. Damit entsteht das Bewusstsein und der Schöpfungsimpuls für den leeren Raum.«

Und Gott sprach: Es werde Licht!
Und es ward Licht.

Gott schaltet hier nicht – wie man sich das vielleicht vorstellen mag – das sichtbare Licht ein, sondern es entsteht die *feinstoffliche* Welt, die auch »Lichtwelt« genannt wird, *die zweite Schöpfungsebene.*

Gott »sprach« auch nicht Worte, sondern das Unendliche Bewusstsein sandte einen Schöpfungsimpuls aus. Ein Impuls ist ein innerer oder äußerer Antrieb zur Veränderung, etwas wird in Bewegung versetzt. Wie entsteht ein solcher Schöpfungsimpuls? Wie in Ihrem Leben auch: durch das Bewusstsein, durch Erkenntnis. In dem Augenblick, in dem Sie etwas wirklich in der Tiefe erkennen und verstehen, verändert sich Ihre Realität.
In dem Moment, in dem das Unendliche Bewusstsein etwas erkennt, verändert sich ebenfalls etwas, nur eben in erheblich größerer Dimension.
Der Beobachter im leeren Raum nimmt also wahr, dass »da etwas ist«. Er konzentriert sich sozusagen vollkommen auf diese einzige Wahrnehmung, die er bislang erfahren kann. So als könnte er sich fragen: »Da ist irgendetwas. Was genau ist da?« Durch diese vollkommene Konzentration des Bewusstseins verdichtet sich »etwas«. Dieses »Etwas« wird immer dichter und dichter, bis es einen Zustand erreicht, den wir als »Energie« bezeichnen.
Energie ist nichts anderes als konzentriertes Bewusstsein. Sie kennen das aus Ihrem Leben. Man sagt: »Dieser Mensch verwendet seine ganze Energie auf eine Sache.« Man meint damit: »Dieser Mensch hat sein gesamtes Bewusstsein auf diese eine Sache ausgerichtet.« Im Extremfall wird er geradezu selbst fast voll und ganz zu dieser einen Sache.
Durch den Schöpfungsimpuls »Es werde Licht« entsteht also Energie, die sich zu einem bestimmten Frequenzbereich verdichtet. Es ist der erste Schritt bei der Entstehung der feinstofflichen Welt. Bis zu diesem Moment ist einfach nur »Energie« entstanden. Ohne weitere Unterscheidung. Und noch gibt es keine feste Materie.

Wie das Licht den Weg zu Gott beschreibt – ein Experiment verändert die wissenschaftliche Welt

Wir haben auf Seite 44 schon einmal den bekannten »Doppelspaltversuch« mit Licht erwähnt. Sehen wir ihn uns hier nochmals mit neuem Bewusstsein an.

Der Versuchsaufbau ist einfach: Licht wird durch zwei nebeneinanderliegende Schlitze in einer dünnen Wand geschickt und dabei so stark heruntergedimmt, bis nur noch einzelne Lichtteilchen nacheinander die Spalten passieren. Diese Teilchen treffen hinter den beiden Spalten auf eine Art Fotoplatte, sodass man sie messen und zählen kann.

Eines der dabei auftretenden »Wunder des Lichts« liegt darin, dass die Teilchen sich völlig zufällig und gleichmäßig mal durch den rechten, mal durch den linken Spalt zwängen. Aber nur solange man sie nicht beobachtet!

In dem Moment, in dem der Versuchsleiter einen der beiden Spalte genau beobachtet, ändern die Lichtteilchen ihr Verhalten. Sie vermeiden den Spalt, der beobachtet wird, und zwängen sich stattdessen alle durch den anderen. »Schulphysikalisch« betrachtet, ist dieses Phänomen vollkommen unerklärlich.

Mit dem Wissen um den Aufbau der Schöpfung jedoch verstehen Sie genau, warum dies so geschehen muss: Der Physiker, der den Versuch durchführt, richtet sein Bewusstsein (verdich-

tete Energie) auf das Licht (ebenfalls verdichtete Energie) aus. Energie trifft auf Energie, und die Lichtteilchen werden beeinflusst. Selbst wenn zur Beobachtung ein Gerät an einem der beiden Spalte aufgebaut wird, steckt dahinter die Absicht des Versuchsleiters. Und wieder reagiert das Licht darauf.
Auf die Geschichte über die Entstehung der Schöpfung angewendet, bedeutet dies: Der *Beobachter* (die vierte Schöpfungsebene) verändert die Schöpfung allein dadurch, dass er sich beim Beobachten auf etwas ausrichtet.
Ähnlich, wie wenn Ihnen etwas Besonderes auffällt und Sie sich eine Weile lang völlig auf diese eine Erfahrung konzentrieren. Sie verändern damit Ihre persönliche Welt. Vielleicht gibt es in dieser Zeit nur die Wolken, die Sie beobachten. Oder die Wellen am Strand oder den Flug eines Insekts. Oder Sie möchten sich etwas Bestimmtes anschaffen, richten Ihr Bewusstsein auf dieses Thema aus, und plötzlich sind Sie regelrecht »umzingelt« von Gegenständen und Ereignissen, die irgendwie damit zu tun haben. Auf welche Erfahrung auch immer Sie sich ausrichten – schon hierdurch wird sie zunehmend mehr zum Teil Ihrer persönlichen Realität.

Und Gott sah, dass das Licht gut war. Da schied Gott das Licht von der Finsternis …:

Wir befinden uns inzwischen mitten im ersten Entwicklungsschritt der feinstofflichen Welt, also auf der zweiten Schöpfungsebene. Und wieder verwendet die Genesis die doppeldeutige Sprache für Eingeweihte: Warum muss Gott das Licht überhaupt »von der Finsternis teilen«? Ganz einfach: weil Licht und Finsternis zuvor eins waren. Sonst hätten sie nicht voneinander geschieden werden können. Sie waren davor einfach nur »Energie«, und nun wird diese zu »Energie mit verschiedenen Eigenschaften«: hell und dunkel, hoch und niedrig schwingend.

Damit geschieht etwas absolut Grundlegendes für unsere Realität. Etwas, was Sie jeden Tag in Ihrem Leben immer wieder beobachten können: Alles hat immer zwei Seiten. Zu jeder Eigenschaft gibt es ein Gegenstück.

Die *Polarität* entsteht innerhalb der *feinstofflichen Welt*. Dass das Licht »gut« war, ist eine Wertung derjenigen, die dies niederschrieben, aus menschlicher Perspektive. Nicht »Gott sah« dies, denn das Große Bewusstsein erzeugte die Schöpfung aus sich selbst heraus, ohne sie zu bewerten und in Gut und Schlecht einzuordnen. Aus menschlicher Empfindung heraus fühlen sich jedoch Erlebnisse mit den höheren Lichtwelten deutlich schöner, berührender und »gottnäher« an als solche mit den niedrigen. Deshalb die Interpretation des Lichts als »gut«.

... und nannte das Licht Tag und die Finsternis Nacht.

Erstmals steht geschrieben, dass Gott etwas *benannte*. Ab nun und in den folgenden Schritten der Genesis bekommen Dinge und Vorgänge konkrete *Namen*. Warum ist das wichtig? Welcher Code ist hier eingearbeitet?

Etwas benennen zu können ist eine *Eigenschaft der materiellen Welt*. Ein Engel in der feinstofflichen Welt weiß nicht, dass die Menschen ihn »Engel« nennen; eine Seele weiß nicht, dass die Menschen sie »Seele« nennen. Auf der feinstofflichen Ebene gibt es keine Begriffe, keine weltlichen Urteile und kein »Nachdenken« in unserem Sinne, denn dafür braucht man ein »materielles« Gehirn. Die Verfasser der Genesis haben hier die Information versteckt, dass sich gerade die *Vorstufe* zur Bildung der *materiellen Welt* vollzieht, also der ersten Schöpfungsebene.

Da ward aus Abend und Morgen der erste Tag.

Unterschiedliche Zustände existieren gemeinsam miteinander als Teile der Realität. Licht und Finsternis (als verschiedene Energiezustände) bilden gemeinsam etwas Größeres: den »ersten Tag«. Gemeint ist: der erste große Schöpfungsschritt, die Grundvoraussetzung für alles Folgende.

Sehen wir wieder genau hin. Es steht dort nicht geschrieben: »Da war der erste Tag *vorbei*.« So könnte der Leser der einfachen Bildgeschichte es verstehen, wenn er flüchtig darüberliest. Tatsächlich

heißt es: »Da ward aus Abend und Morgen der erste Tag.« Da ist nicht etwas vorbei und zu Ende, sondern etwas ist aus verschiedenen »Zutaten« entstanden und bleibt bestehen. So wie ein Gericht, das nun fertig angerichtet ist: Die *feinstoffliche Welt* ist entstanden.
Noch gibt es unseren Planeten Erde nicht und auch sonst keine materielle Welt. Aber dennoch hat die Energie (»Licht«) nun schon verschiedene »greifbare« Zustände (»Licht und Dunkel«).

UND GOTT SPRACH: ES WERDE EINE FESTE ZWISCHEN DEN WASSERN, DIE DA SCHEIDE ZWISCHEN DEN WASSERN.
DA MACHTE GOTT DIE FESTE UND SCHIED DAS WASSER UNTER DER FESTE VON DEM WASSER ÜBER DER FESTE.
UND ES GESCHAH SO.

Die Schöpfungsebene der *materiellen Welt* entsteht. Es wird »fest«. Weil unsere Erde das Symbol für die materielle Schöpfung war, geht die Beschreibung der Genesis nun mit deren Entstehung weiter.
Am absoluten Beginn der Entstehung eines Planeten wie unserer Erde gibt es keine deutliche Unterscheidung der Zustände von Materie. Wirklich fest ist kaum etwas, alles ist eine flüssig-heiße Materiekugel, ein dichtes brodelndes Gemisch der Elemente. Damit Leben entstehen kann, muss sich dieser Zustand als Allererstes einmal in die drei Aggregatzustände fest, flüssig und gasförmig aufteilen. Das ist eine Grundvoraussetzung für organisches Leben. Dieser Vorgang wird hier beschrieben.
Um den Text richtig zu decodieren, müssen Sie wissen, dass das

Wort »Feste« von »Veste« kommt und früher verschiedene Bedeutungen hatte. Es kann bedeuten: Festland. Dann würde die Genesis beschreiben, dass Festland im Wasser entsteht, und wir wären bei der einfachen Bildgeschichte. Doch spätestens im nächsten Satz macht diese Deutung keinen Sinn mehr (»Gott nannte die Feste Himmel ...«). Feste kann nämlich auch im Sinne von »Festung«, »Abgrenzung«, »Wand« gemeint sein und eine Trennschicht bezeichnen. Und genau so macht die Beschreibung wirklich Sinn.

»Es werde eine Feste zwischen den Wassern ...«: Eine Trennschicht (die Atmosphäre) bildet sich ...

»... die da scheide zwischen den Wassern«: ... durch die sich das flüssige Wasser von dem gasförmigen Wasser (»den Wassern«) scheiden kann.

»Da machte Gott die Feste ...«: Die Atmosphäre entstand.

»... und schied das Wasser unter der Feste ...«: Damit schied sich das flüssige Wasser in der Atmosphäre (H_2O im Meer) ...

»... von dem Wasser über der Feste«: ... von dem gasförmigen Wasser (Sauerstoff und Wasserstoff in der Luft).

Zu Beginn kochte das Magma unseres Erdkerns – viel stärker als heute – als heiße, dichte Kugel vor sich hin und erhitzte die Wassermassen. Heißes Wasser verließ in Form von Dampf die Meere. So gab es flüssiges Wasser und verdampftes Wasser. Sauerstoff und Wasserstoff bilden – zusammen mit anderen Elementen – die erste Uratmosphäre. Es war tatsächlich »zwischen den Wassern geschieden«.

> UND GOTT NANNTE DIE FESTE HIMMEL.
> DA WARD AUS ABEND UND MORGEN
> DER ZWEITE TAG.

Hier wird das Wort im Klartext entschlüsselt. »Feste« bedeutet »Himmel« im Sinn von Atmosphäre. Der »feste Himmel« entsteht, also der Himmel unseres Planeten Erde. Bisher gab es ja nur den feinstofflichen Himmel, also die *zweite Schöpfungsebene.*
Und wieder ist nicht ein Tag vorbeigegangen, sondern es »ward ... der zweite Tag (Schöpfungsschritt)«. Etwas Neues, Unvergängliches ist entstanden.

> UND GOTT SPRACH:
> ES SAMMLE SICH DAS WASSER
> UNTER DEM HIMMEL AN BESONDERE ORTE,
> DASS MAN DAS TROCKENE SEHE.
> UND ES GESCHAH SO.
> UND GOTT NANNTE DAS TROCKENE ERDE,
> UND DIE SAMMLUNG DER WASSER
> NANNTE ER MEER.
> UND GOTT SAH, DASS ES GUT WAR.

Je mehr Wasser aus den Urmeeren verdampft, umso niedriger wird der Wasserspiegel. Immer mehr Wasser bleibt in der Luft gebunden. Landmasse (»das Trockene«) wird freigelegt. Die feine Hülle der Atmosphäre um die Erde erweitert sich. Im Laufe vieler Jahrmillionen kühlt unsere Urerde langsam weiter ab, und es bilden sich »Sammlungen der Wasser«, also salzige Meere und weniger salzige Seen, dazwischen die Landflächen.

UND GOTT SPRACH:
ES LASSE DIE ERDE AUFGEHEN
GRAS UND KRAUT, DAS SAMEN BRINGE,
UND FRUCHTBARE BÄUME AUF ERDEN,
DIE EIN JEDER NACH SEINER ART
FRÜCHTE TRAGEN, IN DENEN IHR SAME IST.
UND ES GESCHAH SO.

Die *Entwicklung des Lebens* beginnt, hier evolutionsgeschichtlich korrekt beschrieben. Lange vor den Tieren bilden sich auf der Landmasse (»der Erde«) die ersten Pflanzen. Die zuvor in den Urmeeren herumtreibenden Einzeller und Mehrzeller waren eher Zellverbände, die sich durch Teilung vermehrten. Man kann sie nicht wirklich den Pflanzen zuordnen. Doch nun gelangen diese Lebensformen an das nun abgekühlte Land und entwickeln sich weiter.
»... jeder nach seiner Art ...« erklärt, dass nun die ersten Arten entstehen. Zunächst in der Pflanzenwelt.
»... Gras und Kraut ...« beschreibt höhere Pflanzenarten, die mit Wurzeln in der Erde entstehen. Eine bedeutende Weiterentwicklung zu denen, die im Meer treiben oder als Zellverbände auf Felsen haften.
»... das Samen bringe ...«: Die Sexualität entsteht, das Naturgesetz der biologischen Entwicklung höherer Arten. Die Landpflanzen sind nun kein zufälliger, auf nassen Felsen klebender Zellverbund mehr. Sie haben eine klar abgegrenzte Form und Außenhaut. Der »Nachteil« dabei: Sie erreichen sich gegenseitig nicht mehr im direkten Kontakt. Sie treiben nicht mehr im Meer, sondern sind vereinzelt an ihrem Platz festgewachsen. Der Raum und das Medium Luft trennt sie. Weil sie sich gegenseitig nicht mehr berühren, muss sich die

Natur ein »Transportsystem für das Leben« einfallen lassen: den Samen. Mit dem Samen ist die Sexualität entstanden. Das männlich-weibliche Urprinzip allen höheren Lebens ist geboren.

»… und fruchtbare Bäume auf Erden, die ein jeder nach seiner Art Früchte tragen, in denen ihr Same ist …« beschreibt die nächste Phase der Evolution: die Entstehung noch höher entwickelter Pflanzen, die Früchte hervorbringen.

> UND DIE ERDE LIESS AUFGEHEN
> GRAS UND KRAUT, DAS SAMEN BRINGT,
> EIN JEDES NACH SEINER ART, UND BÄUME, DIE
> DA FRÜCHTE TRAGEN, IN DENEN IHR SAME IST,
> EIN JEDER NACH SEINER ART. UND GOTT SAH,
> DASS ES GUT WAR. DA WARD AUS
> ABEND UND MORGEN DER DRITTE TAG.

Ein weiterer großer Schöpfungsakt ist entstanden: das höhere Leben.

> UND GOTT SPRACH: ES WERDEN LICHTER
> AN DER FESTE DES HIMMELS, DIE DA SCHEIDEN
> TAG UND NACHT UND GEBEN ZEICHEN, ZEITEN,
> TAGE UND JAHRE UND SEIEN LICHTER AN DER
> FESTE DES HIMMELS, DASS SIE SCHEINEN
> AUF DIE ERDE. UND ES GESCHAH SO.

Gott »plant« die Sterne – also die Sonnen – des Weltalls. An der Veränderung der Sternbilder und am scheinbaren Verlauf unseres Zentralgestirns kann man die Veränderung der Zeit auf der Erde

messen. Wenn man das System (die »Zeichen«) versteht, kommt man auf die Zeiteinteilung des Jahres mit seinen Tagen.
Hier wurde, im Rahmen der mittelalterlichen Überarbeitung der Bibel, die Reihenfolge verändert. Die »Lichter an der Feste des Himmels«, also die fernen Sterne (Sonnen) und auch unsere Sonne, entstanden natürlich lange vor der Erde. Doch die Kirche des Mittelalters und der frühen Neuzeit steckte in einem großen Konflikt mit den zunehmenden wissenschaftlich untermauerten Erkenntnissen über den wahren Schöpfungsablauf. Die Erde durfte einfach nicht »als Letztes« entstanden sein. Man musste um jeden Preis das »geozentrische Weltbild« erhalten, also die Lehre, dass die Erde der Mittelpunkt der Schöpfung – und damit des Weltalls – sei und sich alles andere erst danach und um die Erde herum entwickelt habe.
Natürlich waren auch viele der Kirchenoberhäupter »Eingeweihte« und wussten insgeheim oft um die Wahrheit. Sie verteidigten die Lehre von der Erde als Mittelpunkt der Schöpfung aus einem tieferen und logischen Grund heraus: Man sah den Menschen als »Abbild Gottes« an. Damit muss der Lebensort der Menschen automatisch der wichtigste Ort im Universum sein. Der Ort, den Gott sich herausgesucht hat, um die Abbilder seiner selbst dort wohnen zu lassen. In der Folge musste die Erde unbedingt der Mittelpunkt der Schöpfung sein.
Die Kirche gab diese Sicht offiziell 1822 auf. Die Sonne durfte im Mittelpunkt stehen. Die Genesis wurde allerdings nicht korrigiert.

UND GOTT MACHTE ZWEI GROSSE LICHTER:
EIN GROSSES LICHT, DAS DEN TAG REGIERE,
UND EIN KLEINES LICHT,
DAS DIE NACHT REGIERE, DAZU AUCH DIE STERNE.
UND GOTT SETZTE SIE
AN DIE FESTE DES HIMMELS,
DASS SIE SCHIENEN AUF DIE ERDE
UND DEN TAG UND DIE NACHT REGIERTEN
UND SCHIEDEN LICHT UND FINSTERNIS.
UND GOTT SAH, DASS ES GUT WAR.
DA WARD AUS ABEND UND MORGEN
DER VIERTE TAG.

Unsere Sonne entsteht und spendet das Licht am Tag. Der Mond reflektiert ihr Licht und beleuchtet die Nacht. Das geschah natürlich auch lange zuvor.

UND GOTT SPRACH:
ES WIMMLE DAS WASSER
VON LEBENDIGEM GETIER,
UND VÖGEL SOLLEN FLIEGEN AUF ERDEN
UNTER DER FESTE DES HIMMELS.
UND GOTT SCHUF GROSSE WALFISCHE
UND ALLES GETIER, DAS DA LEBT UND WEBT,
DAVON DAS WASSER WIMMELT,
EIN JEDES NACH SEINER ART,
UND ALLE GEFIEDERTEN VÖGEL, EINEN JEDEN
NACH SEINER ART.

> UND GOTT SAH, DASS ES GUT WAR.
> UND GOTT SEGNETE SIE UND SPRACH:
> SEID FRUCHTBAR UND MEHRET EUCH
> UND ERFÜLLET DAS WASSER IM MEER,
> UND DIE VÖGEL SOLLEN SICH MEHREN
> AUF ERDEN.
> DA WARD AUS ABEND UND MORGEN
> DER FÜNFTE TAG.

Nach den Pflanzen entwickeln sich die Tiere. Bis auf einen kleinen »Fehler« wird hier völlig korrekt die Entstehung der Arten beschrieben. Vom im Urmeer herumwimmelnden Einzeller über die später folgenden Fische (hier fälschlich als »Wal*fische*« bezeichnet) bis zu den noch später folgenden Vögeln, die noch vor den Landsäugetieren entstanden.

Der »Fehler« ist natürlich, dass die Ordnung der Wale (die ja Säugetiere sind) nicht *vor* den ersten Landtieren (Reptilien) entstanden, sondern lange *nach* der Entstehung der ersten Landsäugetiere. Wale sind Nachfahren von Landsäugetieren, die ins Meer zurückgekehrt sind. Man wusste früher noch nicht so genau um die exakte Arten- und Gattungsordnungen. Selbst heute verwechseln noch viele Menschen Wale und Delfine mit Fischen.

»Seid fruchtbar und mehret euch ...« beschreibt, dass auch in der sich höher entwickelnden Tierwelt die Sexualität die Grundlage für die Weiterentwicklung ist.

Und Gott sprach:
Die Erde bringe hervor lebendiges Getier,
ein jedes nach seiner Art: Vieh,
Gewürm und Tiere des Feldes,
ein jedes nach seiner Art.
Und es geschah so.
Und Gott machte die Tiere des Feldes,
ein jedes nach seiner Art,
und das Vieh nach seiner Art
und alles Gewürm des Erdbodens
nach seiner Art.
Und Gott sah, dass es gut war.

Die Evolution der Arten schreitet voran, wie sie von der modernen Wissenschaft bestätigt wird.

»Die Erde bringe hervor ...«: Die Tiere auf dem Land (der Erde) entstehen.

»... ein jedes nach seiner Art ...«: Aus den ersten Landtieren entwickeln sich die verschiedenen Arten. »Vieh« meint höhere Säuge-, Haus- und Nutztierarten, »Gewürm« niedere Tierarten, Nichtsäugetiere, und »Tiere des Feldes« andere Wildtierarten und Reptilien.

Und Gott sprach:
Lasset uns Menschen machen, ...

Noch immer völlig korrekt – am bisher bekannten Ende der Evolutionskette entsteht der Mensch.

Gott sagt: *»Lasset uns Menschen machen ...«* Mit wem redet Gott, während er erschafft? Warum spricht er von sich in der Mehrzahl, so als wäre er eine Gruppe? Hier finden Sie die verschlüsselte Information, dass nicht das »Meer« selbst direkt eingreift und erschafft, sondern die vielfältigen göttlichen Schöpfungskräfte am Werk sind. Das Meer gibt sozusagen den Impuls heraus, und die Schöpfungskräfte setzen ihn um. Das Meer ist der »große Chef«, und die Schöpfungskräfte sind die ausführenden Unterchefs. Diese Schöpfungskräfte sind das, was in vielen Religionen »die Götter« genannt wird. Zu ihnen gibt es in jeder Kultur immer auch einen obersten Gott.

Herrscher wie Kaiser, Könige oder Kirchenfürsten haben den Pluralis Majestatis übernommen, also eine Mehrzahl, mit der eine einzelne Person bezeichnet wird oder sich selbst bezeichnet. Sie sagen zum Beispiel: *»Wir haben entschieden ...«* Damit erreichen sie zwei Effekte: Auf die materielle Welt bezogen, scheint es, als sprächen sie damit immer für eine Mehrheit von Menschen, die hinter ihnen stehen. Spirituell gesehen, erheben sie sich selbst auf die Ebene der göttlichen Schöpfungskräfte und erwecken so den Eindruck, direkt von Gott gesandt zu sein.

> ... ein Bild, das uns gleich sei,
> die da herrschen über die Fische im Meer
> und über die Vögel unter dem Himmel
> und über das Vieh
> und über alle Tiere des Feldes
> und über alles Gewürm,
> das auf Erden kriecht.

Dass der Mensch »herrscht«, kann wieder auf zwei Arten verstanden werden. Wer es unbedingt bildhaft auffassen möchte, wird daraus lesen, dass der Mensch von Gott aufgefordert wurde, die Welt – im negativen Sinne – zu dominieren. Also wie eine Rechtfertigung, um auf beliebige Weise Macht auszuüben. Tatsächlich ist ja der Kampf um das Recht des Stärkeren sogar der Motor der Evolution. Entweder ein Lebewesen beherrscht seinen Lebensraum, oder es geht unter.

Als Wissender können Sie die Botschaft aber auch so lesen: Mit dem Menschen hat das Göttliche Bewusstsein die maximale Möglichkeit erschaffen, um sich selbst zu erkennen. Kein anderes Lebewesen auf der Erde kann sich so tief selbst erforschen. Und keines sonst kann Gott und die Schöpfung erkennen. Dies ist allein uns Menschen vorbehalten.

Worin genau besteht das Menschsein? Das Wissen darum, was ein »Mensch« als Gesamtwesen ist, ist ebenfalls in der Schöpfungsgeschichte verschlüsselt:

> UND GOTT SCHUF DEN MENSCHEN
> ZU SEINEM BILDE, ZUM BILDE GOTTES SCHUF ER
> IHN; UND SCHUF IHN ALS MANN UND FRAU.

»Zu seinem Bilde« bedeutet so viel wie »nach seinem Vorbild«. Sieht Gott also genauso aus wie ein Mensch? So würde man es verstehen, wenn man nur die einfache Bildgeschichte glaubt.

Mit Ihrem Wissen um die Schöpfungsebenen erkennen Sie die wahre Botschaft: Gott ist Unendliches Bewusstsein. Der Mensch – als Geist und Seele – ist ebenfalls Bewusstsein. Er ist ein Tropfen, der das Meer verlassen hat, besteht aber dennoch aus dem gleichen Bewusstsein wie das Meer. Deshalb ist der Mensch »das Abbild Gottes«.

Mehr über die Entstehung Ihrer Seele bis hin zum menschlichen Leben in Ihrem Körper erfahren Sie später, wenn wir der Reise Ihrer Seele durch die Schöpfung folgen.

Menschsein bedeutet aber noch mehr, als »Geist und Seele« zu sein. Die Information darüber liefert die Genesis einige Sätze später, im 1. Buch Mose 2, 7:

> Da machte Gott der Herr
> den Menschen aus Erde vom Acker
> und blies ihm den Odem des Lebens
> in seine Nase. Und so ward der Mensch
> ein lebendiges Wesen.

Erst jetzt wird gesagt, dass der Mensch ein »lebendiges Wesen« ist. Zuvor waren da nur Geist und Seele, und dies ist noch nicht die Definition von Leben. Für biologisches Leben braucht es einen biologischen Körper aus Materie, also »... aus Erde vom Acker«. In älteren Texten steht manchmal auch, Gott habe den Menschen aus *Lehm* erschaffen. Im frühen Ursprung des Wortes sind »Lehm« und »Leben« miteinander verwandt. Gott schuf den Menschen »aus Leben«.
Die versteckte Botschaft in der Genesis über das Menschsein lautet also: Zuerst entstanden Seele und Geist als Abbild des Göttlichen Bewusstseins. Danach entstand der Körper des Menschen aus Materie. Und erst mit dem Körper entstand das »Leben«. Leben ist Materie. Was wir als »Leben« bezeichnen, gibt es nur auf der *Schöpfungsebene der materiellen Welt.*

> UND GOTT SEGNETE SIE
> UND SPRACH ZU IHNEN:
> SEID FRUCHTBAR UND MEHRET EUCH
> UND FÜLLET DIE ERDE
> UND MACHET SIE EUCH UNTERTAN UND
> HERRSCHET ÜBER DIE FISCHE IM MEER
> UND ÜBER DIE VÖGEL UNTER DEM HIMMEL
> UND ÜBER DAS VIEH UND ÜBER ALLES GETIER,
> DAS AUF ERDEN KRIECHT.

Hier ist es besonders wichtig, die Bildergeschichte richtig zu lesen. Wörtlich genommen, könnte man es so verstehen, dass ein Gott wie eine Art Papa den Menschen, die wie kleine Kinder zuhörten, Anweisungen gab.
Oder man ruft sich ins Bewusstsein, dass in der Beschreibung noch immer Schöpfung und Evolution stattfinden. Das Große Bewusstsein erschafft sich weiterhin selbst. Es wird automatisch und ganz natürlich dazu kommen, dass die Gattung Mensch, was ihre Fähigkeiten betrifft, im Laufe der Evolution einen immer größeren Vorsprung gegenüber allen anderen Lebensformen bekommt. So läuft der große Plan ab.
Der Mensch führt keine Anweisungen aus. In Wirklichkeit entwickeln sich der Mensch und die gesamte Schöpfung, von der er umgeben ist, in diesen Zustand hinein. Es gibt keine Trennung zwischen dem Menschen und den übrigen an der Evolution Beteiligten. Die ganze Welt entwickelt sich einfach weiter und weiter, und dabei geschieht es, dass der Mensch die Veränderungen auf der Erde wesentlich prägt. Leben kämpft um Raum. Dieser Vorgang findet überall

und ständig statt. Lebensformen versuchen, anderen Lebensformen Nahrung und Raum streitig zu machen – von der kleinsten Zellkultur über das Reich der Wildtiere bis zum »weisen« bzw. »einsichtsvollen Menschen«, dem Homo sapiens.

> Und Gott sprach:
> Sehet da, ich habe euch gegeben
> alle Pflanzen, die Samen bringen,
> auf der ganzen Erde,
> und alle Bäume mit Früchten,
> die Samen bringen, zu eurer Speise.
> Aber allen Tieren auf Erden und
> allen Vögeln unter dem Himmel und
> allem Gewürm, das auf Erden lebt,
> habe ich alles grüne Kraut
> zur Nahrung gegeben.
> Und es geschah so. Und
> Gott sah an alles,
> was er gemacht hatte,
> und siehe, es war sehr gut.
> Da ward aus Abend und Morgen
> der sechste Tag.

Dies war der Beginn der Genesis, einer Beschreibung Gottes und der Schöpfung, die jeder so lesen und verstehen wird, wie es seinem Wissen und Bewusstseinsstand entspricht. Genau so, wie es von den Verfassern vorgesehen war.

Die Schöpfungsgeschichten anderer Traditionen

Mit Ihrem Wissen über die Schöpfungsebenen und deren Entstehung können Sie nun die Schöpfungsberichte aller Kulturen für sich entschlüsseln.

Rechts finden Sie den Schöpfungsbericht aus dem „Rigveda“, der ältesten heiligen Schrift der indischen Yogis. Hier erhalten Sie nicht nur eine Beschreibung für den fragenden Verstand, sondern auch eine Erinnerung für die Sehnsucht von Herz und Seele.

Vielleicht versuchen Sie einmal, diesen Text beim ersten Lesen nicht gleich mit dem Verstand zu untersuchen. Lassen Sie den Klang der Worte erst einmal langsam und mit einem kleinen Innehalten nach jeder Zeile auf sich wirken. Als wäre er ein Musikstück und als wäre in der Stille hinter jedem Satz ein leises Echo verborgen, in das Sie fragend hineinhören. Oder so als gäbe es eine Ebene göttlicher Schönheit und Wahrheit hinter der Ebene der reinen Worte.

Beim zweiten Lesen möchten Sie den Text vielleicht mit Ihrem Wissen um die Schöpfungsebenen genauer analysieren. Dabei könnten Ihnen die Parallelen und die an manchen Stellen identische Wortwahl wie in der biblischen Genesis auffallen.

Der Ursprung der Dinge

Weder Nichtsein noch Sein war damals.
Nicht war der Luftraum noch der Himmel darüber.
Was strich hin und her? In wessen Obhut?
Was war das unergründliche tiefe Wasser?
Weder Tod noch Unsterblichkeit waren damals.
Nicht gab es ein Anzeichen von Tag und Nacht.
Es atmete nach seinem Eigengesetz ohne Windzug dieses Eine.
Irgendein anderes als dieses war weiter nicht vorhanden.
Im Anfang war Finsternis versteckt. All dieses war unkenntliche Flut.
Das Lebenskräftige, das von der Leere eingeschlossen war,
das Eine wurde durch die Macht seines heißen Dranges geboren.
Über diese kam am Anfang das Liebesverlangen,
was des Denkens erster Same war.
Im Herzen forschend, machten die Weisen durch Nachdenken
das Band des Seins im Nichtsein ausfindig.
Quer hindurch ward ihre Richtungsschnur gespannt.
Gab es denn ein Unten, gab es denn ein Oben?
Es waren Besamer, es waren Ausdehnungskräfte da.
Unterhalb war der Trieb, oberhalb die Gewährung.
Wer weiß es gewiss, wer kann es hier verkünden,
woher sie entstanden, woher diese Schöpfung kam?
Die Götter kamen erst nachher durch die Schöpfung dieser Welt.
Wer weiß es dann, woraus sie sich entwickelt hat?
Woraus diese Schöpfung sich entwickelt hat,
ob er sie gemacht hat oder nicht,
der der Aufseher dieser Welt im höchsten Himmel ist,
der allein weiß es, es sei denn, dass auch er es nicht weiß.

*»So wie die Biene den Honig
von verschiedenen Blumen sammelt,
so nimmt der Weise die Essenz
der verschiedenen heiligen Schriften in sich auf
und sieht nur das Gute
in allen Religionen.«*

Mahatma Gandhi
Indischer Staatsmann, spirituelle Leitfigur und Philosoph
** 2. Oktober 1869 † 30. Januar 1948*

Je mehr Sie sich mit den Schöpfungsebenen vertraut machen, umso mehr Übereinstimmungen über den Beginn der Schöpfung und über die Beschaffenheit des Großen Bewusstseins werden Sie in den heiligen Überlieferungen entdecken. Sehen Sie sich zum Beispiel die folgenden kurzen Ausschnitte von Schöpfungsberichten aus zwei weiteren Kulturen an.

So beginnt der Schöpfungsbericht der Maya im *Popol Wuj,* dem heiligen Buch der Quiché-Maya in Zentralamerika:

Dies ist der Bericht, wie alles in Spannung war,
alles still, in Stille,
alles bewegungslos,
alles bebend,
und leer war die Weite des Himmels.

Der Schöpfungsbericht der Hopi-Indianer beschreibt den Beginn so:

Am Anfang gab es Taiowa,
in dessen Geist die erste Welt
in der Endlosigkeit des Raumes bestand.
Dieser Unendliche erdachte sich das Endliche,
und so begann die Schöpfung

Gott ist gleichbedeutend mit »Die höchste Wahrheit«. Und je mehr Fragen beantwortet werden und Irrtümer sich auflösen, umso mehr zeigt sich Gott. Lesen Sie im nächsten Kapitel über »Die Schöpfung in Ihnen selbst« und darüber, wie Gott sein größtes Geheimnis in Ihrem persönlichen Leben versteckt hat.

Das siebte Schöpfungsgeheimnis

Der Bauplan des Universums

Sie selbst
entstanden auf die gleiche Weise
wie die gesamte Schöpfung.
In Ihrem Körper, Ihrem Geist und Ihrer Seele
ist die vollständige Geschichte
des Universums enthalten.
Ihr Geschenk auf dem Weg zurück
liegt darin,
dies wiederzuentdecken.

Das Erlebnis der Schöpfungsgeschichte
- auf dem Weg, ein Mensch zu werden -

Alle Fragen nach Gott beantwortet die Schöpfung selbst. Und eines der größten Geheimnisse hat Gott in Ihnen selbst versteckt. Um dieses Geheimnis zu entdecken, geht es darum, dass Sie sich an etwas erinnern. Wenn Sie also Freude daran haben, in die folgenden zwei Geschichten einzutauchen, kann es sein, dass sich Ihnen dieses große Geheimnis offenbart.
Zunächst brauchen Sie vor Ihrem inneren Auge ein Bild des Ablaufs der Entstehung allen Lebens auf unserem Planeten. Danach brauchen Sie die Erinnerung daran, wie Sie selbst entstanden sind, vom ersten Moment an.

Eine kleine Geschichte der Evolution

Die Welt der Materie ist bereits entstanden. Licht ist schon zu Atomen geworden, Atome sind bereits zu Molekülen vereint. Diese Moleküle haben sich im leeren Raum zusammengefunden und dabei unseren Planeten in seiner frühen Form gebildet. Es ist die Frühgeschichte unserer Erde.
Atome und Moleküle treiben in den Urmeeren herum, finden sich zusammen und lassen sich wieder los. Irgendwann geschieht ein

»Zufall« oder ein »Wunder«. Anders ausgedrückt: Ein ganz gezielter Schöpfungsimpuls geht vom Unendlichen Bewusstsein aus. Es schließen sich bestimmte Gruppen von Molekülen zu etwas zusammen, was wir »eine lebende Zelle« nennen.

Nun schwimmen lebende Zellen im warmen Urmeer umher. Moleküle treiben als Nährstoffe vorbei und ernähren die Zellen, ohne dass diese dafür etwas »tun« müssten. Alles ist versorgt.

Manche Zellen schließen sich zu Zellgruppen zusammen. Wie winzige »Klumpen aus Zellen«. Es gibt Klumpen aus gleichartigen und andere aus verschiedenartigen Zellen.

Unterschiedliche Zellen in einem gemeinsamen Klumpen haben einen Vorteil: Sie können sich miteinander zu etwas Höherem entwickeln, indem sie das Prinzip der Aufgabenteilung einführen. Innerhalb eines Zellhaufens bedeutet dies, dass ein einfacher Organismus entstanden ist. Vielleicht als ein erstes winziges Planktonteilchen.

Zusammen mit den Molekülen und Zellen treiben nun auch diese einfachen Organismen im Meer. Sie müssen noch immer nichts tun, denn das warme nährstoffreiche Meer ernährt sie.

Das Leben im Urmeer entwickelt sich weiter, indem sich immer mehr spezialisierte Zellen in einem Organismus ausbilden. Einfache fischartige Wesen entstehen. Auch sie müssen nichts für ihr Überleben tun. Das Meer durchspült sie mit Nahrung.

Manche der etwas größeren Fische verschlucken statt herumtreibendem Plankton gelegentlich auch herumtreibende winzige Fische. Höhere Lebensformen beginnen also damit, andere höhere Lebensformen als Nahrung zu verwerten.

Die Fische spezialisieren sich weiter. Viele begnügen sich weiterhin mit dem herumtreibenden Futter des Meeres, andere jedoch begin-

nen, ihre Nahrung aktiv zu suchen. Sie jagen. Das Meer ernährt sie nun nicht mehr ohne ihr Zutun. Um erfolgreich zu jagen, brauchen die Jäger eine höhere Intelligenz und Fähigkeiten, die sie ihrer Beute überlegen machen.
Einige Fische treiben sich in der Nähe des Festlands und der Inseln herum, auch an Stellen, wo Flüsse ins Meer münden. Mal ist das Wasser dort hoch, mal geht es weit zurück. Mal gibt es Nahrung im Wasser, mal gibt es nur nassen Schlamm.
Einige Fische spezialisieren sich, damit sie nicht jedes Mal dem Wasser zurück ins Meer folgen müssen. Sie lernen, mit wenig Wasser im Schlamm zu überleben.
Doch auch wenig bewässertes Land trocknet manchmal völlig aus. Manche Fische spezialisieren sich darauf. Sie lernen, längere Zeit mit sehr wenig Wasser zu überleben. Und dabei spezialisieren sich die Zellen dieser Fische weiter. An Stelle der Kiemen bildet sich eine Lunge. Aus dem Kiemenbogen wird ein Unterkiefer. Aus Flossen werden winzige Gliedmaßen. Es entstehen die ersten Fische, die ohne Wasser atmen können: Amphibien.
Diese neuen Lebewesen bewegen sich an Land zunächst so fort, wie sie es zuvor im Wasser taten: Sie machen schlängelnde Schwimmbewegungen – Schlangenarten entstehen.
Doch festes Land ist nicht immer nur schlammig und flach, es ist auch steil und steinig. Manche Schlangen spezialisieren sich darauf. Ihre Zellen bilden längere Beine, die den Körper vom Boden hochstemmen können. Die Fähigkeit zum Laufen auf vier Beinen entsteht.

»Wir haben eine gemeinsame Geschichte
mit allen Lebewesen auf der Erde
In allen unseren Organen, Zellen und Genen
tragen wir das Erbe von über 3,5 Milliarden Jahren Evolution.
Es sind nicht die Affen unsere nächsten Verwandten,
sondern die Fische, Würmer, Quallen und Mikroben in uns,
die uns zu einem großen Teil ausmachen.
Und vieles von unserer Architektur,
der Aufbau unseres Schädels oder die Nerven,
entstand tatsächlich zuerst bei Fischen.«

Neil Shubin
Amerikanischer Paläontologe, Universität Chicago, in seinem Buch »Der Fisch in uns«
** 22. Dezember 1960*
Er fand 2005 den »Tiktaalik«, das bislang fehlende Bindeglied zwischen Fisch und Landtier, und schloss damit die letzte Lücke in der Evolutionskette vom Einzeller im Meer bis zum Menschen.

Mit Beinen kann man sich weit hinein ins trockene Land fortbewegen. So erobern die Reptilien die Erde auch fernab des Meeres. Reptilien gedeihen, wachsen weiter und werden irgendwann sehr groß. Doch bereits zuvor hat ein Teil von ihnen erlebt, dass das Festland nicht immer überall gleichermaßen warm ist. Reptilien erzeugen aber keine eigene Wärme; und wenn es abkühlt, werden sie langsamer. Das ist nicht gut fürs Überleben.

Daher entwickelt ein Teil die Strategie des Wachsens. Wer größer ist, hat mehr Kraft und überlebt leichter. Die Dinosaurier entstehen. Der andere Teil entwickelt die Strategie der eigenen Wärmeversorgung. Wer wärmer ist, reagiert schneller. Die ersten Säugetiere entstehen. Weil Wärme so wichtig ist und sie gleichzeitig immer auf der Flucht vor den großen Reptilien sind, reifen die Kinder der Säugetiere innerhalb ihres Körpers heran.

Manche Säugetiere richten sich immer wieder kurz auf, um das Land besser überblicken zu können. Ihre hinteren Beine gewöhnen sich daran. Wenn man auf zwei Beinen hocken kann, bleiben zwei »übrig«. Damit kann man einfache Arbeiten erledigen. Man kann bestimmte Nahrung besser von den Pflanzen nehmen, aufbereiten und sich zuführen. Die Zellen mancher Tiere spezialisieren sich darauf, und es entstehen Arten und Gattungen mit vorderen Beinen, die sie wie Arme mit Händen benutzen können.

Hände sind sehr nützlich, deshalb werden sie immer spezialisierter. Sich aufzurichten ist ebenfalls sehr nützlich. Bei einer Säugetierart übernehmen deshalb die zwei hinteren Beine bald die gesamte Arbeit der Fortbewegung allein.

Zwei Arme, zwei Beine und ein dauerhaft senkrecht laufender Körper: Das ist einzigartig in der gesamten Schöpfung. Die höchste Entwicklungsstufe von Bewusstsein hat nun auch in der materiellen Welt, in der Form eines ganz speziellen Körpers, ihren Ausdruck gefunden – der Mensch ist entstanden.

»So wahr das ist,
dass Gott Mensch geworden ist,
so wahr ist der Mensch Gott geworden.«

Meister Eckhart (Eckhart von Hochheim)
Deutscher Theologe und Philosoph, Dominikaner
** Um 1260 † 30. April 1328*

Dies war eine kleine Erinnerung an die Evolution. Und nun fangen wir wieder von vorn an, doch diesmal geht es um Sie selbst.

Eine kleine Geschichte Ihres Menschwerdens

Sie waren einmal eine einzelne Zelle im Bauch einer Frau. Ein Einzeller. Als diese erste Zelle waren Sie ein vollkommener Teil Ihrer Mutter, so wie der Tropfen, aus dem später eine Seele wird, zu Beginn ein vollkommener Teil des großen Meeres aus Bewusstsein ist. Eine Samenzelle kommt hinzu und verschmilzt mit der einzelnen Eizelle. Noch sind Sie nur eine einzige Zelle, aber das war ein starker und klarer Schöpfungsimpuls.

Die einzelne Zelle, noch immer ein Teil der Mutter, teilt sich einige Male. Dabei entsteht ein Klumpen völlig gleichartiger Zellen, der genau so aussieht wie ein Verbund aus Einzellern, die im Urmeer umhertreiben. Dieser Verbund waren Sie in den ersten Momenten Ihres Lebens.

Der Zellenhaufen teilt sich weiter und nimmt eine allererste Form an: kugelrund. Wie ein Tropfen aus Bewusstsein, der im leeren Raum schwebt. Der Tropfen aus wachsenden Zellen verändert sich nun deutlich: Die Zellen erzeugen in ihrer Mitte einen Raum, indem sie nach außen wandern und sich zu einer Hülle umformen. In der umschlossenen Mitte entsteht eine Flüssigkeit, warm und nahrhaft wie ein winziges Urmeer.

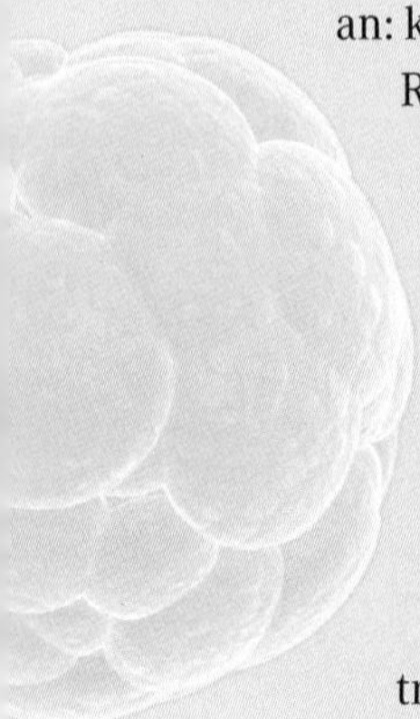

Nun ist der Tropfen aus Zellen, der Sie einmal waren, nicht mehr ein vollkommener Teil der Mutter. Er ist ein winziges Wesen mit einer eigenen Oberfläche, und er trägt ein eigenes nahrhaftes Meer in sich. Dieser Tropfen aus menschlichen Zellen macht sich zu einer sehr langen Entwicklungs- und Erfahrungsreise auf, genau so wie eine Seele und genau so wie die ersten Zellen im Urmeer.

Der Tropfen besteht nun aus äußeren Zellen, die eine Außenhaut bilden, und aus inneren Zellen, die sich wieder zu einem kleinen Klumpen zusammenschließen. Die äußeren Zellen teilen sich immer weiter, wodurch die Hülle sich ausdehnt. Dabei entsteht immer mehr Raum. Am Anfang Ihres Lebens war nur ein Schöpfungsimpuls, und nun dehnt sich bereits alles immer weiter in alle Richtungen aus. So wie das Universum selbst.

Die inneren Zellen schweben jetzt – nur noch durch eine Schnur

verbunden – in der warmen Flüssigkeit. Das Meer ernährt sie.
Ihre ersten Zellen teilen sich immer weiter, doch nun spezialisieren sie sich ganz deutlich. Manche werden zu Knochen, andere zu Muskeln und Organen, und wieder andere werden zu Haut.
Aus dem einfachen Zellklumpen, der in einem warmen Urmeer schwamm, bildet sich jetzt eine höhere Lebensform. Zu Beginn sieht sie aus wie eine winzige Kaulquappe. Später wie ein winziger Fisch, und danach, wenn sich die Wirbelsäule deutlicher zeigt, scheint die neue Lebensform fast ein zusammengerolltes kleines Seepferdchen zu sein.
Bei der Entstehung unseres Planeten brauchte die Schöpfung viele Millionen Jahre, um Einzeller zu Fischen und Seepferdchen werden zu lassen. Sie durften das bei Ihrer Menschwerdung in wenigen Tagen durchlaufen.
Kurz darauf bilden sich an dem kleinen Körper winzige Hände, zunächst fast ohne Arme. Sie sehen aus wie kleine Flossen. Doch Arme, Beine, Kopf und Körper wachsen weiter, und bald sieht Ihr Körper nicht mehr aus wie eine Amphibie oder wie ein Fisch. Ganz eindeutig entsteht hier ein kleines Säugetierwesen. Kurz darauf wird es noch klarer: Ein neuer Mensch wächst heran.
Das warme Meer, das Sie umgibt, und die dünne Schnur ernähren Sie noch immer ohne Ihr Zutun. Für alles ist gesorgt. Noch.
Irgendwann ist die Zeit gekommen, um das warme, nährende Meer zu verlassen und das Land zu erobern.
Sie verlassen den Bauch Ihrer Mutter und werden geboren.
Die Welt »an Land« ist völlig anders als die Welt »im Meer« der Mutter. Als Landwesen müssen Sie sofort etwas Überlebenswichtiges lernen: die Atmung.

Doch wofür die Evolution Hunderttausende von Jahren Zeit hatte, das durchlaufen Sie in wenigen Sekunden. Ihre Lunge macht den ersten Atemzug, und damit sind Sie endgültig am Land angekommen. Hinter Ihnen liegt nun Ihr Lebensweg als Ein- und Mehrzeller, als Fisch und Seepferdchen. Und vor Ihnen liegt der Lebensweg eines Landwesens.

Doch bis Sie als »fertiger« Mensch die Welt erobern dürfen, haben Sie noch etwas an Arbeit und Erfahrungen vor sich, denn Sie atmen zwar schon, aber Sie können sich noch nicht fortbewegen. Die erste Zeit an Land liegt Ihr kleiner Körper in einem Kinderbett, auf dem Rücken oder auf dem Bauch. Fortbewegen klappt noch nicht, aber die kleinen Arme und Beine Ihres Körpers zucken schon. Und das nicht immer zufällig. Manchmal rucken sie nach oben und unten, in einem fast schon erkennbaren Zusammenhang und Rhythmus. So als würden sie sich an etwas erinnern. Als versuchten sie im Liegen schon, das Krabbeln zu üben.

Erst einmal werden noch einige Wochen in den Armen und an der Brust Ihrer Mutter vergehen. Dabei haben Sie Zeit, das Atmen zu üben und die Nahrungsaufnahme über den Mund. Sie sind jetzt nicht mehr von selbst versorgt, deshalb müssen Sie auch lernen, sich um Ihre Nahrung zu kümmern. Zunächst einmal dadurch, dass Sie schreien, wenn Sie Hunger haben.

Nach einer Weile, wenn sich genügend Kraft in Ihrem kleinen Körper sammeln konnte, wird die Erinnerung daran, wozu Arme und Beine dienen, stärker. Ein Teil in Ihnen meldet, dass es bei der Eroberung des Landes darum geht, voranzukommen. Zunächst üben Sie die Fortbewegung flach auf dem Bauch liegend, mit vollem Bodenkontakt. Ganz so wie die ersten Lebewesen an Land.

Von außen gesehen wirkt es ein wenig wie die Bewegungen einer Schlange, die gerade entdeckt, dass ihr Gliedmaßen gewachsen sind. Später, wenn es besser geht, erinnern die Versuche Ihrer Fortbewegung vielleicht eher an eine kleine Eidechse. Doch auch das wird nicht lange anhalten.

Ihr kleiner Körper erinnert sich weiter: Was kam nach dem Kriechen mit Bauchkontakt zum Boden? Genau: das Laufen auf vier Beinen, so wie es die meisten höheren Lebewesen an Land tun.

Das kleine Wesen, das Sie einmal waren, versucht nun, sich vom Boden abzuheben. Immer wieder fällt es dabei auf den Bauch zurück, doch es übt unermüdlich, und bald krabbelt es selbständig durch sein Umfeld. Nun kann eine größere Umgebung auf dem Land erforscht werden.

Bis zu diesem Zeitpunkt ist Ihnen von Ihren Eltern absolut nichts über die Fortbewegung gezeigt worden. Eltern lehren ihre Kinder nicht das Krabbeln, höchstens helfen sie bei den ersten Versuchen.

Wieder einige Wochen später wird es Zeit, sich von der Erfahrung der kriechenden und krabbelnden Lebensformen zu verabschieden. Und wieder haben Sie in wenigen Wochen erlebt, wofür sich die Evolution Millionen Jahre nahm.

Ihre Kraft und Ihr Geschick nehmen nun sehr schnell zu, und Sie erobern immer mehr von dem Land um sich herum. Die nächste Kommode oder ein Tisch sind gute Hilfen, um sich aufzurichten. Scheinbar, weil dort interessante Dinge zu bekommen sind. In der Natur wären es ein Baum mit schmackhaften Früchten oder eine Erhebung mit nahrhaften Gewächsen darauf. In Ihrem Elternhaus ist es vielleicht ein Couchtisch mit Spielzeug, das man zur Prüfung in den Mund stecken kann. Ihre Augen können immer klarer und weiter sehen, und vor Ihnen breitet sich eine neue spannende Welt aus, die am besten im Stehen zu erforschen ist. Die Möglichkeit, etwas zu erforschen, zu lernen und dabei zu wachsen, ist für Sie ein großer Anreiz, um das Stehen auf zwei Beinen zu üben.

Doch zwei Beine sind nicht sehr stabil, und so fällt Ihr kleiner Körper häufig wieder zurück auf alle viere. Sich aufrichten und zurückfallen ... Viele Tierarten verbringen ihr ganzes Leben so. Doch für Sie ist das nicht das Ende. Sie üben weiter, als wäre es das Wichtigste in Ihrem Leben, senkrecht zu bleiben, um die Krone der Entwicklung allen Lebens seit dem ersten Einzeller zu werden.

Irgendwann gelingt es Ihnen, zu stehen und die ersten unsicheren Schritte zu machen. Das war der letzte Schlüssel, den Sie brauchten. Ab nun ist das, was in der Evolution wieder Hunderttausende von Jahren dauerte, für Sie nur noch eine Frage von Wochen: der dauerhafte Gang auf zwei Beinen.

Ihre übenden Schritte werden zu einem ersten Weg, und der erste Weg wird zu einer längeren Expedition. Jetzt sind endgültig alle Türen für die Entdeckung Ihres Lebens als Krone der Evolution geöffnet.

Heute sind Sie ein erwachsener Mensch in einer modernen Umwelt. Doch auf Ihrem Weg hierher haben Sie die gesamte Entwicklung allen Lebens und noch mehr im Schnelldurchlauf selbst erlebt. Tief in Ihren Zellen und Erinnerungen wurde jede Sekunde dieses Weges gespeichert. Fast so, als wollte Gott Ihnen auch auf der biologischen und körperlichen Ebene erklären, was damit gemeint ist, wenn es heißt: »Gott ist in dir.«

»O Mensch, schau dir den Menschen an:
Er hat Himmel und Erde
und die ganze übrige Kreatur in sich selber!
In ihm ist alles verborgen schon vorhanden.
Gott hat den Menschen nach dem Bauwerk des Weltgefüges
nach dem ganzen Kosmos gebildet.
O wie herrlich ist die Gottheit,
welche, indem sie schafft und wirkt,
ihre eigene Wirklichkeit offenbart.«

Hildegard von Bingen
Deutsche Mystikerin, Äbtissin und Naturwissenschaftlerin, katholische Heilige
** 1098 † 17. September 1179*

Das Abbild Gottes, in jedem Moment

Gott hat die gesamte Schöpfungsgeschichte in Ihnen versteckt. Sie selbst hier und jetzt sind nicht das Ende der Evolution. Sie *sind* die gesamte Evolution. Sie haben jeden einzelnen Schritt davon in diesem – Ihrem ganz persönlichen – Menschenleben selbst durchlebt. Alles ist in Ihrem Körper und in Ihrer Erinnerung gespeichert, weil Sie seit der Befruchtung der ersten Zelle im Leib Ihrer Mutter die gesamte Evolution des Lebens auf der Erde durchlaufen haben. Sie selbst waren für einige Tage oder Wochen jedes Lebewesen in der Kette zur Menschwerdung.

Es ist, als würde Gott jeden Menschen zu Beginn seines Menschseins noch einmal daran erinnern wollen, was er in Wahrheit ist: reine Schöpfungsgeschichte. Der ganze Weg, vom ersten Schöpfungsimpuls zum ersten Tropfen, vom Tropfen zum Universum und zur Seele und weiter, über alle Lebensformen bis hin zum fertigen Menschen. Mit dem Ablauf Ihrer Entstehung als Mensch hat Gott in Sie die Erinnerung an das eingegeben, was er selbst ist.

Das ist es, was mit dem »Abbild Gottes« gemeint ist. Auf der Ebene Ihres Körpers sind Sie das Abbild Gottes, weil Ihr Körper die gesamte Schöpfungsgeschichte enthält.

Auf der Ebene Ihrer Seele sind Sie das Abbild Gottes, weil Ihre Seele ein reiner Tropfen aus dem Meer des Göttlichen Bewusstseins ist.

Und auf der Ebene Ihres Geistes und des Denkens werden Sie ebenfalls zu einem perfekten Abbild Gottes, je mehr Sie dies alles erkennen.

»In diesem klaftergroßen Körper,
der mit begreifendem Bewusstsein und Herzgeist versehen ist,
ist das ganze Universum enthalten.
Und alles darüber hinaus.«

Buddha (Siddharta Gautama)
Erwachter spiritueller Lehrer, Begründer des Buddhismus
** Etwa 563 v. Chr. † etwa 483 v. Chr.*

Im nächsten Kapitel sehen wir uns an, welche Erlebnisse Sie ganz konkret in Ihrem Leben haben werden, wenn Sie auf diesem großen Weg der Bewusstwerdung sind. Was genau wird geschehen, wenn sich die Seele wieder auf dem Weg zurück ins Meer befindet?

Das Achte Schöpfungsgeheimnis

Der Abgesandte Gottes

Ihre Seele ist ein direkter Teil
dessen, was Gott ist.
Ein Tropfen aus dem Meer.
Sie und Ihr Körper sind in jedem Augenblick
mit Ihrer Seele verbunden.
Sie sind Gott in Menschenform.
Nur Angst und Zweifel,
dass es anders sein könnte,
halten Sie von dieser Erfahrung fern.
Vertrauen Sie Ihrer eigenen Wahrnehmung
mehr als allem anderen.
Dann fliesst Licht in die Dunkelheit,
und es öffnet sich eine Tür nach der anderen.

Die Entstehung der Seele und ihre Reise durch die Schöpfung

Nun wissen Sie, wie die Schöpfung aufgebaut ist und woraus sie besteht: Göttliches Bewusstsein, Raum und Energie, die Formen annehmen. Ein wundervolles Universum mit unzähligen Sonnen und Planeten. Unendliche Vielfalt an Materie. Doch wie soll das Unendliche Bewusstsein diese seine Schöpfung »erleben«? Wie erkundet Gott das, was er selbst erschaffen hat?
Hier kommen Sie ins Spiel. Und Ihre Seele. Gott erlebt durch Sie hindurch seine Schöpfung. Und durch die Menschen, von denen Sie umgeben sind. Und durch all die anderen individuell verschiedenen Lebewesen. Wenn Sie sich im Spiegel länger in die Augen sehen, erleben Sie, wie Gott sich selbst erforscht. Wenn Sie Ihrem Gegenüber in die Augen sehen, bemerken Sie vielleicht als Erstes die Persönlichkeit und die Gefühle dieses Menschen. Doch von der Ebene dahinter blickt durch diese Augen die Unendlichkeit auf Sie. In Form einer Seele.

Wer oder was ist eine Seele? Wozu ist sie da? Wie entsteht sie, was erlebt sie und wohin geht sie? Wie hängen Seelen miteinander zusammen? Was sind Seelenpartner, Zwillingsseelen und Seelenfamilien? Um dies zu verstehen, folgen wir der langen Reise Ihrer Seele durch die Schöpfung – von der Entstehung bis zu dem Augenblick, an dem sie vielleicht das letzte Mal auf Erden weilt.

*»Wenn du irgendwann zu glauben aufhörst,
du seist eine Person, die in einem Körper wohnt,
dann geht dir auf, was du wirklich bist.«*

Jiddu Krishnamurti
Indischer Philosoph, Autor und spiritueller Lehrer
** 12. Mai 1895 † 17. Februar 1986*

Verstehen führt zu Annahme und Liebe

Sie werden verstehen, was Ihre Seele wirklich ist und was sie war, ehe sie eine Seele wurde. Sie werden erfahren, woher die unerfüllten Sehnsüchte kommen und das großen Auf und Ab der Gefühle, die Sie in Ihrem Leben immer wieder spüren.

Sie werden besser begreifen, warum bisherige Begegnungen mit anderen Seelen so abliefen und nicht anders. Und bei neuen Begegnungen können Sie diese mit anderen Augen sehen, wenn Sie wissen, was unter der Oberfläche geschieht.

Wenn Sie den Weg Ihrer Seele begreifen, wird mehr Liebe in Ihr Leben kommen, denn Liebe und Selbstliebe sind nur möglich, wenn kein Kampf gegen sich selbst und andere stattfindet. Etwas, was Sie als großen Widerspruch oder Konflikt erleben, können Sie nicht wirklich in Ihr Leben und in Ihr Weltbild integrieren. Sie und der Widerspruch stehen sich dann ständig unerlöst gegenüber. In diesem Zustand hat die Liebe es schwer.

Verstehen ist der Beginn von Liebe. Das gilt für Ihre Selbstliebe ebenso wie für die Liebe zu Ihrem Leben, zu anderen Menschen und zu dieser Schöpfung. Und es gilt für die Liebe zu der Kraft, die Sie vielleicht »Gott« nennen.
Wenn Sie möchten, wenden wir nun das Wissen um die Schöpfung an und folgen gemeinsam der Reise Ihrer Seele.

»Als ich meine Seele fragte,
was die Ewigkeit mit den Wünschen macht,
die wir sammelten, da erwiderte sie:
Ich bin die Ewigkeit.«

Khalil Gibran
Libanesisch-amerikanischer Dichter, Philosoph und Maler
** 6. Januar 1883 † 10. April 1931*

Vor dem Anfang der langen Seelenreise

Sie erinnern sich: Im Ursprungszustand von allem – im Meer des Unendlichen Bewusstseins – gibt es noch nichts, was in irgendeiner Weise mit der Schöpfung zu tun hat. Es gibt weder Gegenstände noch irgendwelche »Eigenschaften«, noch verschiedene »Zustände«. All das entsteht erst in den späteren Schöpfungsschritten.
Jeder Tropfen, der diesem Meer ohne jede Eigenschaften entspringt,

ist im allerersten Schritt exakt genauso beschaffen wie das Meer selbst: ohne Zeit, ohne Raum, ohne Polarität. Kein Gut oder Schlecht, keine Liebe, keine Einsamkeit, keine Freude, kein Leid. Nur ein vollkommen reiner Tropfen Göttlichen Bewusstseins. Dieses »Abbild Gottes« ist der erste »Schritt« bei der Entstehung einer Seele.

1 Der erste Schritt zur Seele – Ein Tropfen erhebt sich aus dem Meer

Wenn eine Seele entsteht, geschieht also genau dasselbe, wie wenn ein ganzes Universum entsteht. Als erster Schöpfungsschritt löst sich aus dem Meer des Göttlichen Bewusstseins ein Tropfen heraus. Im Gegensatz zur Schöpfung des Universums gibt es aber nun die Schöpfungsebenen bereits. Der Tropfen verlässt also das Sein und taucht automatisch in den Zustand der vierten Schöpfungsebene ein. Der *Beobachter* entsteht. Es ist Ihr persönlicher Beobachter, der Sie über alle Menschenleben begleitet, der Teil Gottes, der all Ihre Leben miterlebt und wahrnimmt.

Noch immer ist der Tropfen nur reines Bewusstsein, aber nun kann er dies auch erkennen. Der Tropfen beobachtet sozusagen das Meer und erkennt damit, was er selbst ist: ein Teil des Meers, bestehend aus demselben Stoff. Mehr kann der Tropfen in dieser Phase nicht wahrnehmen. Das ist der Zustand von reinem Bewusstsein auf der Schöpfungsebene des *Beobachters*. Das ist der Zustand, nach dem sich alle spirituell Suchenden irgendwann sehnen werden, weil sich ihre Seele immer daran erinnert. Die Reinheit. Die Klarheit. Die göttliche Vollkommenheit ohne jede Bewertung.

2 Das Bewusstsein betritt seine eigene Schöpfung

Als Nächstes taucht der Tropfen – der nun immerhin schon etwas beobachten kann – in den *leeren Raum* ein, die *dritte Schöpfungsebene*. Zum ersten Mal bekommt der Tropfen aus Bewusstsein das Gefühl, dass es Raum gibt, auch wenn dieser endlos und dunkel ist.

Wenn Sie in einer Meditation mit Ihrem Bewusstsein in diese Schöpfungsebene reisen, um sie näher zu erforschen, empfinden Sie dies als einen wundervollen, auflösenden unendlich weiten Zustand. Sie erleben dann das, was Sie jenseits von Ihrem materiellen Körper sind. So würden Sie sich ohne Ihre Menschenkörperhülle fühlen: unendlich weit und groß und leicht.

Ähnlich fühlt es sich für den Tropfen aus reinem Bewusstsein an. War er zuvor lediglich Bewusstsein, das nur etwas beobachtete, kommt nun erstmals eine Art »Gefühl« hinzu: die Ausdehnung in den Raum hinein.

3 Das Eintauchen in die Welt der Polarität

Als nächsten Schritt auf seiner Reise taucht der Tropfen aus reinem Göttlichen Bewusstsein in die *zweite Schöpfungsebene* ein, in die *feinstoffliche Welt.* Hier wird es noch »konkreter« als zuvor im leeren Raum. Auf dieser Ebene – auch wenn es noch nicht die materielle Welt ist – gibt es bereits die Polarität mit ihren Konsequenzen: Licht und Dunkel, weit und eng, hoch schwingend und niedrig schwingend, oben und unten, männliches und weibliches Prinzip ... Die Kräfte, die hier wirken, sind wie Magneten mit einem Plus- und einem Minuspol.

Bis jetzt war der Tropfen nur reines Bewusstsein ohne Eigenschaften und noch keine Seele. Doch in dieser Umgebung *muss* er sich verändern. Er kann nicht mehr einfach nur vollkommen neutral bleiben, denn in dieser feinstofflichen Welt gibt es absolut nichts vollkommen Neutrales. Der Tropfen folgt also den »magnetischen« Kräften dieser Ebene und teilt sich in zwei Teile: Die beiden »Dualseelen« entstehen. Beide Dualseelen zusammen (auch »Zwillingsseelen« genannt) enthalten gemeinsam alles aus dem früheren Tropfen.

Einzeln betrachtet, stellen Sie jedoch nun einen Pol und einen Gegenpol dar, ein Stück und ein Gegenstück, männlich und weiblich – so wie zwei Magneten, die getrennt wurden und nun unterschiedliche Eigenschaften haben.

Diese Teilung von Göttlichem Bewusstsein in zwei sich ergänzende Energieformen bezeichnet man in den verschiedenen Kulturen und Religionen unterschiedlich. Vielleicht haben Sie schon die chinesischen Worte »Yin« und »Yang« gehört? Oder die indische Bezeichnungen »Shiva« und »Shakti«? Es gibt viele Namen dieses Prinzips, doch gemeint sind immer die beiden großen Kräfte allen Lebens in der Schöpfung: Männliches und Weibliches, Pol und Gegenpol. Zusammen sind sie ein Ganzes. Zusammen sind sie der Tropfen, der dem großen Meer entsprang. Gemeinsam sind sie Gott.

»Es war so groß wie Mann und Frau bei der Umarmung.
Es ließ sich in zwei Teile zerfallen.
So entstanden Gatte und Gattin.
›Darum sind wir beide hier nur wie ein Halbstück‹,
sprach Yajnavalkya.«

Aus den indischen Upanischaden

An dieser Stelle erkennen Sie, dass ein sogenannter göttlicher Zustand in Wahrheit »neutral« ist. Göttliche Perfektion ist das vollkommene Gleichgewicht: wenn männlich und weiblich zusammen eins sind. Alle Kräfte sind ausgeglichen.

Genau aus diesem Grund – weil der Weg zu Gott der Weg zum »vollkommenen Gleichgewicht« ist – werden Sie auf Ihrem spirituellen Entwicklungsweg auch immer mehr Angelegenheiten ausgleichen und »in Ordnung« bringen wollen. Sie werden der Sehnsucht nach Harmonie und Freiheit mehr folgen als der Sehnsucht nach Gegenständen oder der Sehnsucht nach Bindung.

Praktisch gesagt: Ihre Wohnung wird im Lauf der Zeit wahrscheinlich immer heller, klarer, leerer und freier werden. Genau wie Ihr eigenes Inneres und so wie Ihre Beziehungen.

4 Die Seele entsteht

In der feinstofflichen Welt mit ihren konkreten Eigenschaften haben nun auch die beiden Teile des Tropfens erstmals konkrete Eigenschaften. Sie sind wie Gegenstücke zueinander, die gemeinsam die göttliche Perfektion, das große Ganze abbilden. Nur sind diese Gegenstücke ab jetzt voneinander getrennt.

In diesem Moment erfährt der geteilte Tropfen aus Bewusstsein ein Grundgefühl, das Sie aus Ihrem Leben kennen: Es ist das Gefühl, »dass etwas fehlt«. Das Gefühl, dass man auf der Suche ist, nicht wirklich vollständig, nicht angekommen, oder eine ständige innere diffuse Unzufriedenheit, ganz gleich, welche Ziele man auch erreicht haben mag.

Wenn Sie Einsamkeit empfinden, liegt dies in Wahrheit nicht an Ihrem Verhalten oder dem Ihres Partners. Es ist eine Erinnerung Ihrer Seele an den Zustand vor der Zweiteilung. Sie empfangen diese Erinnerung und fühlen sich einsam.

Das ist kein »Fehler«, sondern ein Schöpfungsantrieb. Denn im Normalfall versucht ein Mensch, diese Einsamkeit aufzuheben, indem er loszieht und andere Menschen sucht, die ebenfalls Einsamkeit verspüren und hier Abhilfe schaffen möchten. Genau das ist die Kraft, die dafür sorgt, dass Menschen sich suchen, finden und Beziehungen eingehen. Diese Suche hält die Schöpfung in Gang. Die Trennung in männlich und weiblich und die unendliche Sehnsucht dieser beiden Teile, wieder zusammenzukommen, bewirkt alles Leben.

»Er schuf euch aus einem einzigen Wesen, dann machte Er aus diesem seine Gattin ...«

Aus dem Koran, Sure 39, 6

Diese großen Seelenerlebnisse und Gefühle sind für Ihr Leben derart bedeutsam, dass wir sie uns noch genauer ansehen werden. Lassen Sie uns zunächst die Reise Ihrer Seele weiterfolgen.

5 Die Dualseelen entstehen

Die beiden Teile, die sich aus ein und demselben Tropfen von Bewusstsein teilen, nennt man also »Dualseelen« oder auch »Zwillingsseelen«. Die Schöpfung ist jedoch so konzipiert, dass ein Mensch nur wirklich extrem selten dem Menschen mit seiner Dualseele begegnet. Niemand könnte das auf Dauer ertragen, denn wenn sich zwei Dualseelen ausnahmsweise einmal als Menschen begegneten, wäre ihre Liebe zueinander nicht von dieser Welt. Man hätte die Erfüllung der sehnlichsten Suche nach Gott in einem Körper gegenübersitzen. Da wäre die fehlende Hälfte des Tropfens, mit der wieder reines Göttliches Bewusstsein entstehen kann. Und gleichzeitig könnten die beiden getrennten Körper in der materiellen Welt niemals zu einem Körper werden. Aus solch einem Zusammentreffen mit der zweiten Hälfte seiner eigenen Seele kann keine funktionierende und glücklich machende Beziehung entstehen.

Sollten Sie sich also wünschen, endlich den »richtigen« Menschen für eine gute und glückliche Partnerschaft und ein erfüllendes Leben zu finden, so wäre das ganz sicher nicht Ihre Dualseele. Aber es gibt perfekte Partnerschaften, also lassen Sie uns ansehen, was weiter geschieht.

6 Die Seelenfamilie entsteht

Nichts in der Schöpfung geschieht ohne Sinn. Jede einzelne Seele wird mit einer ganz bestimmten individuellen Lebensabsicht auf die Reise geschickt. Sie soll einen Teil der Schöpfung auf eine ganz eigene Art erforschen. Diese *Seelenaufgabe* ist der Grund, warum die Seele überhaupt vom Unendlichen Bewusstsein erzeugt und ausgesendet wurde. Etwas ganz Bestimmtes soll erfahren und erlebt werden. Durch diese spezielle Erfahrung erlebt das Große Bewusstsein wieder eine weitere Facette seiner selbst.

Damit Sie in Ihrem Erdendasein diese Erlebnisse auch tatsächlich erfahren können, brauchen Sie andere Menschen. Und wie Sie bereits oft erlebt haben, ist nicht jeder Beliebige gleich gut geeignet, um mit Ihnen das zu erleben, was Sie erleben möchten oder sollen. Sie brauchen Leute, die mit Ihnen in irgendeiner Weise »in Resonanz« treten, geeignete Mitspieler für das Spiel Ihres Lebens.

Ebenso verhält es sich mit Ihrer Seele. Damit sie im langen Seelenleben ihre Erlebnisse haben und Aufgaben erfüllen kann, braucht sie andere Seelen. Und genau so, wie es bei den Menschen untereinander geschieht, muss es Seelen geben, die dasselbe Spiel erleben

möchten oder müssen. Deshalb finden sich Seelen mit zueinanderpassenden Seelenaufgaben bereits direkt nach ihrer Entstehung in der *feinstofflichen* Welt zu einer Gruppe von Mitspielern zusammen. Eine solche Gruppe nennt man »Seelenfamilie«.
Eine Seelenfamilie besteht aus etwa zehn bis fünfzehn Mitgliedern. Sie haben zueinander entweder das (gefühlte) Verhältnis von Geschwistern oder das (gefühlte) Verhältnis von Eltern zu Kindern. Eine Seelenfamilie entsteht also nicht durch Vermehrung, so wie Mann und Frau Kinder erzeugen. Eine Seelenfamilie bildet sich, indem Seelen zueinanderfinden und Rollen übernehmen. Die Anziehungskraft hierfür sind die einzelnen Lebensabsichten der Seelen. Es findet sich zusammen, was gut zusammen »spielen« kann.

»Die Tiefe der Menschenseele birgt unergründliche Kräfte, weil Gott selbst in ihr wohnt.«

Franz von Assisi
Katholischer Heiliger, Stifter des Franziskanerordens
** Etwa 1181 † 3. Oktober 1226*

Seelengeschwister – Am großen Tisch der Familie

Wenn Sie in die Schöpfungsebene der feinstofflichen Welt an den Ort Ihrer Seelenfamilie reisen könnten, fänden Sie so etwas vor wie einen großen Familientisch. Sie würden sich über alle Maßen geborgen und geliebt fühlen. Manche Mitglieder sitzen gerade am Tisch, und manche Plätze wären leer, weil die Seelen zurzeit inkarniert wären, sich also in einem menschlichen Leben befänden.

Falls Sie das Glück haben, in Ihrem irdischen Leben einem Mitglied aus Ihrer Seelenfamilie zu begegnen, werden Sie große Vertrautheit und Liebe empfinden. Die Begegnung mit einem Mitglied Ihrer Seelenfamilie wird sich entweder anfühlen wie Geschwisterliebe, eben weil Sie einem Seelengeschwister begegnen. Oder es fühlt sich an wie die Liebe zu einem Vater oder einer Mutter, weil Sie einem Seelen-Elternteil begegnen.

Wenn man um diese Zusammenhänge nicht weiß und wenn der andere zufällig das passende Geschlecht für eine Liebespaarbeziehung hat, geschehen oft bedeutsame Verwechslungen, die für viel unnötiges Leid sorgen können.

Die Situation fühlt sich dann etwa folgendermaßen an: »Da ist so viel Liebe zwischen uns, das muss mein ersehnter Partner/meine Traumpartnerin sein.« Doch der Versuch einer Liebespartnerschaft mit einem Seelenverwandten wird im menschlichen Dasein nicht wirklich erfüllend sein. Sie leben dann wie mit einer tief vertrauten Schwester oder einem geliebten Bruder zusammen. Das kann großes Leid erzeugen, weil sich beide Teile selbst vorwerfen, nicht »richtig« lieben zu können: »Ich liebe ihn/sie so sehr und er/sie mich auch. Warum nur klappt es nicht mit uns?«

Auf Seelenebene können Sie Geschwister sein, aber keine Liebespartner. Sie verbindet dann zwar große Liebe und Vertrautheit, aber es sind nicht die biologisch motivierten Gefühle zwischen einem Mann und einer Frau, die vielleicht eine Familie gründen möchten. Um diesen Zusammenhang zu wissen ist für viele Menschen eine große Erlösung, denn damit können sie ihre scheinbar widersprüchlichen Gefühle verstehen.

Seelenverwandte und biologische Verwandte

Mit Ihrem Wissen um die Beschaffenheit der Seelenfamilie können Sie ein weiteres Phänomen in Ihrem Leben viel besser verstehen: Warum ist es möglich, dass Sie einen biologischen Verwandten nicht lieben, obwohl ein Teil in Ihnen immer wieder sagt: »Man muss doch eigentlich seinen Vater/Bruder lieben ...«?

Nein, muss man nicht. Denn Ihre biologischen Verwandten müssen nicht identisch sein mit Ihren Seelenverwandten. Ihr Bruder oder Ihre Schwester muss nicht unbedingt auf der Seelenebene zu Ihrer Familie gehören. Auch Ihre biologischen Eltern müssen nicht gleichzeitig Ihre Seeleneltern sein. So gibt es viele Eltern, die nie eine wirklich tiefe Liebe zu ihrem eigenen Kind spüren und sich fragen, warum dies so ist. Das mag nach unserer Auffassung unschön oder bedauerlich sein, aber tatsächlich geschieht dabei kein »Fehler«. Es kann nämlich sein, dass zwei Elternteile aus Seelensicht einfach nur die Aufgabe hatten, ein Kind zu erzeugen, und nicht, es lieben zu lernen. Das Kind ohne Elternliebe steht dann vor einer großen Lebensaufgabe. Es musste die Einsamkeit ertragen lernen, und es wird sich in diesem Leben vor allem mit dem Thema »Liebe« beschäftigen. Mit dieser Ausrichtung wird es viele Erfahrungen machen und

Erkenntnisse gewinnen, die andere Menschen nicht machen.
Wenn die Seelenverwandtschaft zwischen Eltern und Kindern fehlt, entsteht noch eine weitere Folge: Falls es einem Menschen nicht gelingt, sein eigenes Kind oder seine Eltern zu lieben, weil die Liebe einfach nicht da ist, kommen Unzulänglichkeitsgefühle auf. Bei jedem Zusammentreffen spiegelt einem der andere, dass man nicht liebt, was man theoretisch lieben sollte. Niemand hält das lange aus, und so richten sich die Gefühle bald gegen den anderen, obwohl dieser nichts tut, außer da zu sein. So entsteht die Situation ungeliebter Kinder und ungeliebter Eltern.
Seelenverwandtschaft kann andererseits auch dazu führen, dass ein Bruder, ein Onkel, eine Großmutter oder ein später hinzugekommener Mensch für Sie viel mehr wie ein Vater oder eine Mutter ist als Ihre wirklichen Eltern.
Solche manchmal unangenehmen oder verwirrenden Konstellationen kommen häufig vor. Aus Seelensicht haben sie einen guten Grund. Wenn eine Seele bereits auf dem Rückweg ist – also in einem der letzten Menschenleben ihrer langen Seelenreise –, entscheidet sie sich oft für zwei Eltern, zu denen sie als inkarnierter Mensch keine große »Bindung« aufbauen kann. Für den Rückweg der Seele zum Meer des Unendlichen Bewusstseins ist das Freiwerden von den Bindungen an die materielle Welt die größte Aufgabe. Und an Eltern, die wenig Liebe für ihr Kind erübrigen können, fühlt sich ein Mensch deutlich weniger gebunden als an besonders liebende Eltern.

Seelenpartner und Menschenpartner

Ihre Dual- bzw. Zwillingsseele ist also ganz sicher nicht Ihr perfekter Lebenspartner. Geschwister oder Eltern aus der Seelenfamilie sind es ebenfalls nicht, auch wenn die Liebe zueinander sehr groß ist. Wer dann? Was ersehnt man sich in Wahrheit für seine Partnerschaft? Es ist das, was oft mit dem Wort »Seelenpartner« beschrieben wird. Nicht die Dualseele, nicht ein Seelengeschwister, sondern ein Mensch, der als »freiwilliger Spielpartner« ins Leben kommt.

Wie findet man diesen tief ersehnten Partner? Nicht durch Suchen. Aber auch nicht, indem man sich zurückzieht und unerfüllt oder vorwurfsvoll wartet. Man findet ihn, indem man immer wieder Beziehungen zu anderen Menschen zulässt, auf genau die Weise, wie sie sich von selbst ergeben wollen: Begegnungen schaffen und eine Beziehung stattfinden lassen, solange sie geschehen will und wie es sich richtig anfühlt.

Impulsen folgen, nicht Konzepten und Abwehrplänen. Sie können darauf vertrauen, dass Sie immer den Menschen anziehen, mit dem Sie genau den Schritt von Wachstum erleben, der gerade für Sie wichtig ist. Wenn Sie sich diesem Erlebnis und Wachstum nicht entziehen, werden Sie von alten Lasten frei werden. Und wenn Sie selbst frei geworden sind, wird wie von selbst ein anderer freier Mensch in Ihrem Leben auftauchen.

Tatsächlich steht aus Seelensicht bereits zu Beginn Ihres Lebens fest, welche Seelen zu Ihnen kommen und mit Ihnen intensivere Beziehungen haben werden. Und es steht auch fest, wann sie auftauchen können: Immer dann, wenn eine wichtige Erfahrung äußerlich und innerlich abgeschlossen ist, geht die Tür für Neues auf.

Sie könnten natürlich absichtlich zusätzliche Beziehungen herbei-

führen, weil Sie welche »haben wollen«, doch diese lösen sich meist recht schnell wieder auf. Typisch ist auch, dass solche gewollt herbeigeführten Beziehungen nach einem ganz klaren Programm ablaufen. Auftakt, Anfang, Hauptteil, Ende ... Irgendwie immer wieder gleich. Wie konstruiert.
Die Beziehungen hingegen, die Sie wirklich berühren, entstehen eher durch scheinbar zufällige oder unerklärliche Begegnungen. Oft genau dann, wenn man gar nicht auf der Suche ist.

Der Lebenssinn der Seele

Nun ist also in der *feinstofflichen Welt* die Dualseele entstanden, und die Familienmitglieder der Seelenfamilie haben sich zusammengefunden. Die einzelnen Seelen sind jetzt bereit, um ihren Weg durch die Schöpfung anzutreten. Jede Seele ist noch immer ein Teil des Großen Bewusstseins und hat eine bestimmte »Grundabsicht«. Eine ganz bestimmte Aufgabe soll – über alle Leben gesehen – erfüllt werden, und der Weg zu dieser Aufgabe ist von unzähligen Erlebnissen begleitet. Sie erinnern sich: Durch diese vielen einzelnen Erlebnisse kann das Große Bewusstsein sich auf unendlich viele verschiedene Wege selbst erfahren.
Im Buddhismus und im indischen Hinduismus nennt man diese Grund-Lebensabsicht einer Seele übrigens das »Dharma« eines Menschen. Im Gegensatz zum »Karma«, das wir uns nachfolgend ansehen.

7 Es werde Mensch – die Geschichtsschreibung von Handlungen und Ausgleich beginnt

Wenn eine Seele zum allerersten Mal in einen menschlichen Körper kommt, also in der ersten »Inkarnation«, ist sie vollkommen »rein«. Nachdem sie ja gerade erst entstanden ist, hat sie noch nichts mit anderen Seelen erlebt und nichts getan. Sie kommt sozusagen als völlig unbeschriebenes Blatt in die Schöpfung.

Bei der ersten Geburt und den folgenden fünf Jahren, bei den ersten biologischen Eltern, erlebt die Seele die erste »Prägung« als Mensch. Das unbeschriebene Blatt erhält die allerersten Informationen darüber, wie man in der materiellen Welt zu leben hat. Was immer die ersten biologischen Eltern mit dem Kind unternehmen und ihm über die Welt zeigen, bestimmt den Fortgang aller folgenden Leben der Seele als Mensch.

»Eine kleine Weile,
einen Moment der Ruhe auf den Flügeln des Windes,
und eine andere Frau wird mich gebären.«

Khalil Gibran
Libanesisch-amerikanischer Dichter, Philosoph und Maler
** 6. Januar 1883 † 10. April 1931*

Wiedergeburt – warum?

Viele Menschen sind unsicher, ob ihre Seele ein einziges Menschenleben erlebt oder mehrere. Theoretisch könnte sie doch nach dem ersten Leben wieder ins »Meer« zurückkehren? Doch was würde sie dem Meer an Erfahrung mitbringen? Die wenigen Erlebnisse eines kurzen Lebens? Die angefangenen und nicht zu Ende erlebten Beziehungen zu anderen Seelen? Die ungelösten Probleme, die nie befriedigten Sehnsüchte, die unerfüllten Wünsche? Die immer ähnlich kleine Handvoll an Informationen bei der Erkenntnis über die Schöpfung? Kaum ist man geboren und selbständig auf den Beinen, ist das Erdendasein auch schon wieder fast vorbei. Gerade erst hat eine große Entdeckungsreise begonnen, und schon nach dem ersten Schritt soll alles zu Ende sein?

Aus Sicht der Schöpfung ist die Dauer eines einzigen Menschenlebens sehr kurz, zu kurz für wirklich tiefe Einsichten und Erkenntnisse über das, was Gott ist. Deshalb sorgt ein großes Schöpfungsgesetz dafür, dass ein Seelenleben länger in der Schöpfung verweilen darf als ein biologisches Menschenleben. Dieses Gesetz nennt man »das Gesetz vom Ausgleich aller Handlungen«, kurz: »Karma«.

»Möge der Schlechte gut werden!
Möge der Gute Gelassenheit erlangen!
Möge der Gelassene
von Fesseln befreit werden!
Möge der Befreite
andere befreien.«

Aus dem Yoga

»Karma« – die Bilanzbuchhaltung der Seelen

Ihre Seele ist der Speicher aller Erfahrungen. Und Karma ist das Schöpfungsgesetz, das jeden Menschen so lange zum Ausgleich von Handlungen mit anderen Menschen bewegt, bis in seiner Seele über alle Leben das vollkommene Gleichgewicht hergestellt ist. Sie können es sich wie einen großen Datenspeicher vorstellen. Der Speicher selbst – das Karma – ist weder gut noch schlecht. Es ist einfach nur der Speicher.

Dennoch spricht man oft von »gutem Karma« und von »schlechtem Karma«. Gemeint sind aber »Handlungen, die etwas an anderen Menschen gutmachen« – also zumeist Handlungen, die anderen etwas geben –, und »schlechte Handlungen«, also solche, die Ungleichgewicht erzeugen, indem Sie anderen schaden oder jemandem etwas wegnehmen.

Was genau ist gut und was ist schlecht? Tatsächlich wissen Sie nicht, ob zwei Menschen, die sich scheinbar unfair behandeln, nicht vielleicht gerade einen Ausgleich aus früheren Leben schaffen. Es mag dann so aussehen, als würde einer mehr bekommen und dem anderen etwas wegnehmen. Auf der Seelenebene findet aber möglicherweise gerade ein wichtiger Schritt zum Freiwerden statt. Alte Schulden werden beglichen.
Sie können einen frei machenden Seelenausgleich von menschlicher Habgier und Ungerechtigkeit unterscheiden lernen, indem Sie in der Praxis folgende »Übung« machen. Fragen Sie Ihr Herz: »Ist das, was hier geschieht, tief in mir eigentlich in Ordnung, auch wenn es von außen gesehen wie ein Ungleichgewicht aussieht?« Die Stimme Ihres Herzens ist die Stimme Ihrer Seele. Das richtige Gefühl ist das Gefühl »Es ist in Ordnung«.

Die Macht der Gedanken und ihre Grenze

Manche Menschen sagen: »Man darf nichts Schlechtes denken«, weil auch dadurch ein karmisches Ungleichgewicht entstehen soll. Und dann kommen dennoch manchmal diese Gedanken, und man fühlt sich dabei schlecht. Was bewirken solche Gedanken für den Seelenweg?
Nichts. Ihre Gedanken allein bewirken kein Karma. Schlechtes zu denken erzeugt keine »Schuld«. Gutes zu denken löst Schulden nicht auf. Das ist ein Märchen mancher Organisationen, um Menschen zu kontrollieren. Schlecht zu denken erzeugt höchstens in Ihnen selbst ein schlechtes Gewissen, Selbstvorwürfe und unschöne Gefühle. Falls der andere Ihre negativen Gedanken spürt, wird er deshalb nicht

seinen Seelenweg verlassen. Er wird sich höchstens über Sie ärgern. Ihre Gedanken und Ihre inneren Selbstgespräche sind für Sie selbst wichtig. Aber sie allein ändern nichts im Schöpfungsablauf in der materiellen Welt. Erst Ihr praktisches Handeln hat ein Gleichgewicht oder Ungleichgewicht zur Folge.
Wahr ist jedoch, dass eine bewusste Ausrichtung des Denkens – oder besser noch: die Beobachtung Ihrer Gedanken – dazu führt, dass die Gedanken nicht mehr mit Ihnen machen können, was sie wollen. Und dies wirkt sich deutlich auf Ihr Leben aus.
Machen Sie sich also keine Sorgen um unschöne Gedanken. Die meisten davon ziehen ohne Ihr Zutun durch Sie hindurch oder kreisen nur herum. Dafür können Sie nichts. Allein in dem Moment, in dem Ihnen so etwas auffällt, sind Sie schon in einem höheren Zustand des Bewusstseins als jemand, der allen Gedanken einfach nur folgt.
Die einzige Möglichkeit, wie schlechte Gedanken Karma erzeugen könnten, ist wie gesagt, wenn Sie aus dem Gedanken heraus »zur Tat schreiten« und Ihr Können und Wissen einsetzen, um den anderen zu verändern.
Ein Beispiel: Wenn jemand einen geliebten Menschen für sich gewinnen will und dabei bestimmte Rituale und Kräfte in der feinstofflichen Welt einsetzt, um den anderen zu manipulieren, erzeugt das Karma. Abgesehen davon, dass es auf Dauer nicht klappt. Oder jemand will unbedingt ein Ziel erreichen und schafft es, einen anderen gegen dessen Willen »übers Ohr zu hauen«. Auch das erzeugt Karma. Immer wenn man einen anderen Menschen gegen seinen wahren Willen manipuliert, entstehen Schulden, die wieder ausgeglichen werden.

Gedanken sind ein Ablauf von Energieimpulsen, die – biologisch gesehen – von Nerven erzeugt und transportiert werden. Ihre Gedanken selbst sind also, wie alles in der Schöpfung, eine Energieform. Ein Schwingungsmuster. Und jede Energieform hat einen genauen Platz im Schöpfungsaufbau. Es gibt eine Frequenz innerhalb der *zweiten Schöpfungsebene,* der *feinstofflichen* Welt, in der ein unablässiger Strom aller jemals von allen Menschen gedachten Gedanken abläuft. Ohne Anfang, ohne Ende, ähnlich dem Fluss von Funkwellen für den Radioempfang. Man kann mit seinem Bewusstsein in diesen Strom reisen, und das Erlebnis ist überwältigend. Es fühlt sich an, als würden Abertausende Gedanken, von denen kein einziger Ihr persönlicher ist, durch Sie hindurchfließen. Als hätte jemand ein Fenster aufgemacht für einen Luftzug aus millionenfachen gleichzeitigen Worten und Stimmen.

Für gewöhnlich ist der einzelne Mensch durch die Trennung der materiellen und der feinstofflichen Welt vor diesem Erlebnis geschützt. Jeder hört fast ausschließlich seine eigenen Gedanken im Inneren. Manchmal aber öffnet sich ein Fenster zu der Ebene dieses endlosen Stroms. Wenn der Betroffene nichts darüber weiß und darauf nicht vorbereitet ist, kann er buchstäblich verrückt werden. Er wird erzählen, dass die »Stimmen in seinem Kopf« nicht aufhören zu reden, und er weiß irgendwann nicht mehr, wer oder was er selbst ist.

Sollten Sie manchmal das Gefühl haben, dass kleine Teile dieses Stroms Sie durchziehen, wissen Sie nun etwas besser, was geschieht. Es sind dann nur »Fremde auf der Durchreise«. Lassen Sie sie passieren; bleiben Sie der Beobachter, und Sie werden feststellen, dass die Welle wieder verschwindet.

8 Das erste Menschenleben endet – Der Seelenweg geht weiter

Durch die frühesten Lebensjahre eines ersten Menschendaseins entsteht also eine allererste »Sichtweise auf das Leben«. Am liebsten würde der erstmals geborene Mensch natürlich nur der Lebensabsicht seiner Seele – dem Dharma – folgen. In der Praxis jedoch reagiert und handelt er automatisch danach, was ihm in den ersten fünf Jahren durch seine Eltern eingeprägt wurde.

Auf genau diese Weise kommen Gefühle und Gedanken zum ersten Mal in einen inneren Konflikt. Der Weg des Herzens, also der Seele, und der Weg des »Egos«, also der denkenden Persönlichkeit, weichen voneinander ab.

Mit seinem angelernten Muster des Reagierens und Handelns baut der Mensch in seinem ersten Leben Beziehungen zu anderen und ihren Seelen auf. Manche dieser Menschen sind Teil seiner Seelenfamilie, die ihn über alle Inkarnationen immer wieder begleiten werden. Auf diese Weise entsteht ein Netzwerk von Seelen, die zueinander Beziehungen haben. Manche dieser Beziehungen sind im Ungleichgewicht, weil sich die Seelen – verteilt über viele Leben – mittendrin im Spiel von Handeln und Reagieren befinden.

Stellen Sie sich vor, Sie hätten sich bei jemandem eine größere Geldsumme geliehen und könnten diese nicht zurückbezahlen. Sagen wir kurz, Sie seien der »Nehmer«. Wie fühlen Sie sich als Empfangender? Sind Sie frei? Können Sie sich selbst einreden, dass Sie unbeschwert wären? Können Sie sich durch Meditieren befreien? Oder indem Sie den anderen plötzlich nicht mehr mögen? Könnten Sie mit der gedanklichen Einrede »Alles in meinem Leben ist in Ordnung« sterben?

Falls die geliehene Summe groß genug ist, würde es Sie nicht einmal wirklich entlasten, wenn der Geber sagte: »Ist schon gut, ich verzichte.« Bei kleinen Beträgen ginge das vielleicht noch als Geschenk durch, aber nicht im Fall einer sehr großen Summe. Sie hätten weiterhin das Gefühl, beim anderen etwas gutmachen zu müssen. Sie stünden »in seiner Schuld«. Davon könnten Sie nur wirklich frei werden, wenn Sie die Schulden ausgleichen. Ganz egal, ob durch die Rückgabe der Geldsumme oder indem Sie etwas Gleichwertiges oder Leistungen in Form von Handlungen »zurückgeben«. Was immer vom Geber als Ersatz angenommen wird. Oder Sie haben das Gefühl, sie müssten mit einem Teil des Geldes etwas Gutes für die Allgemeinheit tun, um sich wieder wohl zu fühlen.

Auch der Mensch, der Ihnen das Geld gegeben hat, ist nicht frei. Als Geber mag er sich wie ein Gönner fühlen, was seinem Verstand das Gefühl gibt, ein guter Mensch zu sein. Tatsächlich aber kann es sein, dass er »zu viel« getan hat. Er hat den anderen in eine Art Verpflichtung zur Dankbarkeit gezwungen.

Auch dieses Ungleichgewicht als Geber ist leicht herauszuspüren: Habe ich das Gefühl, dass ich nun beim anderen »etwas guthabe«? Dass der andere mir verpflichtet ist, wenn auch nur dazu, immer nett und freundlich zu mir zu sein? Wenn Sie als Gebender dieses Gefühl haben, besteht ein Ungleichgewicht. Dann sind Sie selbst nicht frei. Auf diese Weise entstehen Geber und Nehmer, Täter und Opfer, Gut und Böse, Gewinner und Verlierer, Täter und Verletzte, Mörder und

Getötete, Mächtige und Beherrschte, Täuscher und Getäuschte, Geliebte und Manipulierte ... kurz und gut: die Menschheit.
Wie im Menschenleben, so ist es auch auf Seelenebene: Wenn mit einer anderen Seele noch etwas ausgeglichen werden muss, ist die Seele nicht frei, um sich auf den Rückweg zu machen. Erst wenn das »persönliche Karma« mit anderen Seelen bzw. Menschen endet, wird die Seele frei vom Gesetz der Widergeburt.
Rein karmisch gesehen, wäre das perfekte Gefühl in der Praxis einer Beziehung also: »Zwischen uns ist alles ausgeglichen. Niemand ›muss‹ etwas tun. Immer wenn wir uns begegnen, begegnen sich zwei freie Menschen.«
Ein »Tipp« für die Praxis lautet wieder: zuerst das Herz befragen. Wenn Sie das Gefühl hegen, an einem Menschen etwas nicht ausgeglichen zu haben, und dieser Mensch inzwischen verstorben oder nicht mehr für Sie erreichbar ist: Machen Sie es an jemand anderem gut. Spenden Sie, helfen Sie oder gleichen Sie es ersatzweise an anderen aus. Ihr Ratgeber, wann etwas ausgeglichen ist, ist dabei Ihr Gefühl für das innere Gleichgewicht.
Sie müssen sich all das nicht im Detail merken. Im Prinzip brauchen Sie sich um das Thema »Karma« keine Sorgen zu machen, wenn Sie auf Ihr Herzensgefühl für Gerechtigkeit und Gleichgewicht hören. Falls Sie im Zweifel sind: Vertrauen Sie Ihrer spontanen inneren Stimme eher als den Argumenten, die danach kommen. Tun Sie, was Ihr Herz sagt, dann machen Sie es richtig. So viel, wie es gut ist. Nicht mehr. Und auch nicht weniger. Das ist der Weg.

9 Gegen Ende der Reise – Die wahre Seelenaufgabe kommt zum Tragen

Wenn eine Seele im Laufe vieler Inkarnationen alle wesentlichen Ausgleichsaufgaben erledigt hat, sagt man: »Das persönliche Karma erlischt.« Der betreffende Mensch wird dann zunehmend spüren, wie innere Zwänge verschwinden, die ihn früher zum Handeln trieben. Gedanken kommen, Gedanken gehen. Gefühle kommen, Gefühle gehen. Und all das zwingt einen nicht mehr automatisch zum Handeln. Man handelt fast nur noch aus dem aktuellen Moment und dem spontanen inneren Impuls heraus. Planung findet statt, wo sie notwendig ist, wird aber bei neuen Impulsen ohne Zögern über den Haufen geworfen.

Was ist das für ein seltsamer Zustand, in dem die Impulse des Augenblicks deutlich mehr agieren als der Verstand, und dennoch fügt sich alles wie nach einem großen Plan?

Dieser Zustand wird in Indien mit dem schon erwähnten Wort »Dharma« bezeichnet. Ehe die materielle Welt eine Seele völlig loslässt, darf sie endlich noch die Lebensabsicht zu Ende führen, für die sie vom ersten Leben an geboren wurde. Es ist dann, als würden das Leben und die innere Erfüllung des betreffenden Menschen ganz enorm an Fahrt gewinnen.

Oft wird gesagt, Erleuchtung sei das Ende jener langen Seelenreise. Viele glauben, ein Erleuchteter befände sich in einem paradiesischen Zustand, sei immer glücklich und ohne Schmerz und Leid. Doch was hat es mit dem Zustand der Erleuchtung genau auf sich? Der Zustand von Erleuchtung ist nicht das Ende der Reise. Aber es ist das Ende bestimmter Illusionen und Irrtümer. Gleichzeitig ist es der Beginn der wahren spirituellen Reise. Nun sind die Schleier des Karmas weitgehend verschwunden, und der Mensch sieht und spürt mit jeder Faser seines Daseins das große Bild. Was er zuerst nur ersehnte, dann später zunehmend erahnte und wovon er immer mehr Momente erlebte – nun ist es ein Dauerzustand. Das Bewusstsein des Erleuchteten dehnt sich durch die gesamte Schöpfung hindurch bis auf die Ebene des Seins aus. Und genau darüber wird der Erleuchtete seinen Zuhörern berichten: Er wird auf die ihm eigene Art davon erzählen, wie es außerhalb der materiellen Welt weitergeht. Er wird aufdecken, auf welche Weise die Tricks der Gedanken und die Gesetze der Polarität die Menschen gefangen halten. Für viele seiner Zuhörer ist es, als erzähle er vom ersehnten Paradies.

Viel bedeutender als die Worte allerdings ist das, was durch die Anwesenheit eines Erleuchteten geschieht. Die besondere Wirkung für die Menschen in seiner näheren Umgebung besteht vor allem darin, dass er den ganzen Weg bis zur Quelle nicht nur »sieht«, sondern dass sein Bewusstsein diesen Weg als stabiler Dauerzustand durchschreitet. Das Bewusstsein eines Erleuchteten ist wie ein ständig offener Kanal quer durch alle Schöpfungsebenen bis zur Quelle. Der Erleuchtete ist für suchende Menschen wie ein offenes Fenster, durch das der Wind Gottes weht. Man kann sich einfach nur vor dieses Fenster setzen und den Wind spüren. Und sich von ihm mitnehmen lassen.

*»Du bist nie vom Sein getrennt,
das dasselbe wie Glückseligkeit ist.
Sei das Selbst, das ist Glückseligkeit.
Wenn du in deinem Herzen verwirklichst,
was deine wahre Natur ist,
wirst du unendliche Wahrheit und Glückseligkeit finden
ohne Anfang und Ende.«*

*Ramana Maharshi
Indischer erleuchteter Weisheitslehrer
* 30. Dezember 1879 † 14. April 1950*

Erleuchtung in der Praxis – eine Kurzreise

Erleuchtung ist ein neuer innerer Zustand, der gegen Ende der langen Seelenreise eintritt. Obwohl das Wort den Anschein erwecken mag, die Erleuchtung wäre ein fester und für alle gleicher Zustand, verhält es sich anders. Erleuchtung ist ebenso ein Entwicklungs- und Lernweg, wie die Zeit davor ein Entwicklungsweg war. Nur war man vorher ein Suchender, und danach ist man ein Findender.

Mit der Erleuchtung öffnet Gott einem Menschen das Fenster aus der »Kiste« – Sie erinnern sich an unser Bild – der materiellen Welt heraus und gibt den Blick zu den Geheimnissen seiner Schöpfung frei. Das Eintreten von Erleuchtung bewirkt bei einem Menschen eine so grundlegende Veränderung, dass es den meisten Außenstehenden deutlich auffällt. Sehen Sie sich im Folgenden an, wie es beginnt und was genau geschieht.

Der erste Zustand: In der Unbewusstheit

Im Zustand der Unbewusstheit erleben Sie sich selbst, andere Menschen und die Realität so, wie Sie es gelernt haben. Sie verwenden vor allem Ihren Verstand und Ihre fünf Sinne. Sie empfinden sich selbst meistens als körperliches Wesen mit Gefühlen und Gedanken und reagieren eher zwangsläufig auf die Gefühle und Gedanken anderer.

Auf einen Vorwurf folgen automatisch schlechte Gefühle oder ein Gegenvorwurf, auf ein Lob folgen automatisch gute Gefühle oder ein Gegenlob. Auf Angriff folgt automatisch Rückzug oder Gegenangriff usw. Unbewusstheit ist ein Spiel aus Aktion und automatischer Reaktion. Fast alles wird von einem zentralen Standpunkt aus gesehen: vom »Ich«. Ich und die Welt. Ich und die anderen. Ich und meine Probleme. Ich und mein spiritueller Weg. Ich und mein neuer Zustand. Ich und ... Das »Ich« ist das Zentralgestirn im Universum des unbewussten Menschen.

Auf die Frage »Wer bist du?« wird man in diesem Zustand antworten: »Ich bin ein Mann, eine Frau, ein Lehrer, ein Handwerker, ein spiritueller Mensch, ein Erfolgstyp, ein armes Opfer ...« Der Betreffende wird eine konkrete Antwort haben, die man an seinen Lebensumständen überprüfen kann.

Der zweite Zustand: Im Erwachen

Als bedeutsamen Schritt in Richtung Erleuchtung werden Sie nach der Unbewusstheit Ihr »Erwachen« erleben: Ihr innerer Beobachter wird aktiver, und Sie erkennen, dass Sie nicht einfach nur das sind, was Sie bisher dachten. Dieser Beobachter begreift, dass Ihre Gedanken und Gefühle sowie Ihr Körper zwar Teile von Ihnen sind, aber nicht der wahre Kern. Ab diesem Moment beginnen Sie immer mehr, sich bei dem, was Sie denken und fühlen, selbst zu beobachten und zu hinterfragen. Sie reagieren zwar oft noch automatisch auf Ihre Gefühle und auf andere Menschen, aber das fällt Ihnen immer mehr auf.

Auf die Frage »Wer bist du?« wird man in diesem Zustand antworten: »Ich weiß nur, was ich nicht bin – ich bin nicht meine Gedanken, nicht meine Gefühle, nicht mein Beruf, nicht mein Besitz, nicht meine Wünsche, nicht meine Beziehungen ...«

»Ein Zen-Schüler fragt seinen Lehrer:
›Meister, woran erkenne ich, ob ich erleuchtet bin?‹
Der Meister antwortet:
›Daran, dass du diese Frage nicht mehr stellst.‹ «

Aus dem Zen-Buddhismus

Der dritte Zustand: In der Erleuchtung

Wenn der Weg in die Erleuchtung sich anbahnt oder bereits stattfindet, verändern sich zwei grundlegende Dinge:

Die Auflösung des Ich-Denkens

Sie werden immer mehr erleben, dass alles, was Sie bisher dachten und fühlten, nur eine Art Film ist. Ihr Körper ist zwar Teil des Films, und Sie können diesem auch nicht entkommen, aber es ist dennoch nur wie ein Film. Gedanken und Gefühle laufen zwar noch ab, aber in erheblich geringerem Umfang als vor der Erleuchtung. Und wenn sie ablaufen, werden sie beobachtet, als wären sie fremd. Es sind einfach nur noch Worte. Gedanken (zum Beispiel Vorurteile) und Emotionen (zum Beispiel Ängste) behindern nicht mehr die ungestörte Verbindung zur eigenen Seele.

Auf die Frage »Wer bist du?« wird man in diesem Zustand vielleicht antworten: »Ich bin Seele, und all dies hier ist wie ein Traum des Großen Bewusstseins. Es gibt gar kein ›Ich‹, es ist nicht wirklich wahr.« Wichtige Grundbotschaften aller Erleuchteten haben deshalb mit der Konstruktion und den Illusionen des Ichs zu tun.

Einer der großen Seelenzustände ist dauerhaft präsent

Der erleuchtete Mensch erfährt die vollkommene Einheit mit seiner Seele. Er erfährt die Schöpfung so, wie seine Seele sie erlebt. Und diese Seele ist immer in einem der folgenden fünf Seelenzustände, deren genaue Entstehung Sie im nächsten Kapitel miterleben werden:

- *Einsamkeit:* Wird ein Mensch in die *Einsamkeit* erleuchtet, findet er die »Umarmung der Welt« als relativ überflüssig. Er erfährt

Gott in sich selbst und im Rückzug von der äußeren Welt. Viele solche Erleuchtete leben ein weitgehend unauffälliges Leben, manchmal aber als scheinbare Außenseiter. Vielleicht sind sie Bettler oder zurückgezogen lebende Mönche. In ihrer als tiefes Gottesglück empfundenen Einsamkeit ziehen sie eher wenig Schüler an. Manche dieser Erleuchteten sind dennoch so bekannt, dass die Menschen aus aller Welt zu ihnen pilgern. In Indien leben die größten Wissenden übrigens versteckt in Wäldern. Sie werden von der Bevölkerung mit Opfergaben versorgt. Als Dank kommen diese Heiligen alle paar Jahre einmal heraus und begegnen den suchenden Menschen in einem rituellen Fest.

- *Liebe:* Falls ein Mensch den Gegenzustand der Einsamkeit erleuchtet wird, also in den *Seelenzustand der Liebe,* wird er davon berichten, dass letztlich alles Liebe ist. Er wird die Menschen an die Liebe erinnern und ihnen damit Erfahrungen von Einheit ermöglichen. Vielleicht wird er Menschen (»die Welt«) umarmen, ihnen Mut zur Liebe machen; und wenn man ihm in die Augen sieht, wird das Herz tief berührt. »In die Liebe Erleuchtete« ziehen sehr viele Schüler an, weil Liebe die größte Sehnsucht auf diesem Planeten ist.

  Die Suchenden fühlen sich nach einer Begegnung mit einem in der Liebe Erleuchteten tief verbunden mit sich selbst, mit Gott und mit der Welt. Sie würden am liebsten jeden Menschen umarmen und alles andere ebenso. Es ist wie ein Tropfen vom Paradies, der für einen Moment auf Erden weilt.
- *Stille:* Wenn ein Mensch in den *Seelenzustand der Stille und Schwere* erleuchtet wird, weist er auf die Stille hinter allem und zwischen allem hin. Er wird vermitteln, dass die wahre Kraft in

der Ruhe liegt und weniger in der Aktivität und im Lärmen. Vielleicht wird er Meister in einem Zen-Kloster, falls er überhaupt unterrichtet.

- *Freude:* Wenn jemand in den Gegenzustand der Schwere erleuchtet wird, also in den *Seelenzustand der Freude*, wird er den Menschen Bewegung, Kreativität und das Schöpferische bringen. Allein seine Anwesenheit wird Freude auslösen, und was er sagt, hinterlässt bei allen Leichtigkeit und Lebendigkeit. Er wird ein Vorbild sein, das Leben nicht schwer zu nehmen und stattdessen mehr zu spielen. Die Suchenden fühlen sich nach einer Begegnung mit ihm belebt und energiegeladen, bereit zu neuen Taten und zur aktiven Veränderung ihres Lebens.

Einsamkeit und Liebe, Stille und Freude: Ein erleuchteter Mensch wird so lange in einem der vier Zustände verweilen, bis seine Seele sozusagen »die Spur wechselt«. Das kann nach einem Monat sein, nach einem Jahr oder nach einem Leben. Wie lange es dauert, hängt vom Umfang der Seelenaufgabe ab, die während des Erleuchtungszustands erfüllt werden darf.

Am Ende aller Erleuchtungserfahrungen tritt dann der fünfte und höchste Zustand ein, die Freiheit von den vier anderen Zuständen: *die Klarheit.*

*»Diejenigen, die Erleuchtung erfahren haben,
sind jenseits von Verdienst oder Sünde.
Sie sehen: Gott allein tut alles.«*

Sri Ramakrishna
Indischer Mystiker, spiritueller Lehrer und Yogi-Meister
** 18. Februar 1836 † 16. August 1886*

Der vierte Zustand: *Jenseits* der Erleuchtung

Erleuchtung ist nicht das Ende. Es ist der Anfang der wirklichen spirituellen Entdeckungsreise. Erst jetzt, da die materielle Welt einen nicht mehr so sehr gefangen hält, kann man die Schöpfung auf den anderen Ebenen wirklich »erforschen«. Und auch dieser Weg ist ein Weg ohne Grenzen. Der Mensch dringt mit seiner Wahrnehmung immer tiefer in das Geheimnis des Großen Bewusstseins ein.

Wenn alles Karma ausgeglichen ist und das Dharma gelebt wurde, ist die Seele frei von der Pflicht zur Wiedergeburt. Sollte sie nochmals inkarnieren, dann nur aus einem Grund: um anderen Menschen die Wege zu Gott nahezubringen. Und selbst wenn eine Seele völlig freiwillig wieder einen Körper annimmt und sich unter die Menschen begibt, ist auch dieser Zustand noch immer nicht der letzte, den ein Mensch erfahren kann.

Der allerletzte Zustand ist, wenn der Mensch nicht mehr die Teile und den Aufbau des Großen »untersucht«. Er hat dann alle Schöpfungsebenen vollkommen durchdrungen, und ständig *sind sie in ihm präsent.* Er ist alles, und alles ist in ihm. Allein seine Gegenwart ist für andere wie ein offenes Fenster zu Gott. Man nennt diese überaus seltenen Menschen »gottverwirklicht«.

Auf die Frage »Wer bist du?« wird jemand in diesem Zustand vielleicht folgendermaßen antworten:

*»Ich bin der Weg und die Wahrheit und das Leben;
niemand kommt zum Vater denn durch mich.
Wenn ihr mich kenntet, so kenntet ihr auch meinen Vater.
Und von nun an kennt ihr ihn und habt ihn gesehen.«*

*Jesus von Nazareth
Jüdischer Wanderprediger
* etwa 4 v. Chr. † Etwa 30 n. Chr.*

»Ich bin das Leben« bedeutet: »Ich als Wesen bin das ›Menschsein‹. Ich bin die feinstoffliche und die materielle Welt.«

»Ich bin die Wahrheit« bedeutet: »In meiner Anwesenheit findet ihr das gesamte Wissen über den Aufbau der Schöpfung bis hin zur Quelle.«

»Ich bin der Weg«: Jesus sagte nicht: »*Meine Worte* sind der Weg zu Gott.« Er sagte: »*Ich bin* der Weg.« Er meinte: »Ich bin das offene Fenster, durch das der Wind Gottes weht. Ich bin das vollständige Bewusstsein über den Weg durch die Schöpfung bis zurück zur Quelle, die alles erschaffen hat. Ich bin ein ständig offener Kanal, der alles bis hin ins Meer aus Unendlichkeit durchquert.«

Deshalb heißt es danach: *»Wenn ihr mich kenntet, so kenntet ihr auch meinen Vater.«* Das bedeutet: »Wenn ihr wirklich erkennt, was ihr vor euch habt, dann kennt ihr den gesamten Weg bis hin zurück zu Gott. Ich bin das ›Gottsein‹ .«

»Und von nun an kennt ihr ihn und habt ihn gesehen«: Das bedeutet: »Nun wisst ihr, was Gott ist. Mehr Wahrheit gibt es nicht. Von nun an braucht ihr nicht woanders zu suchen, denn woanders werdet ihr nicht mehr finden, als ihr in mir findet.«

Diese Botschaft über die höchste Wahrheit, die ein Mensch anderen Menschen vermitteln kann, zeigt sich in immer ähnlichen Worten.

»Ich bin das Licht der Welt.
Wer mir nachfolgt,
wird nicht in der Finsternis umhergehen,
sondern wird das Licht des Lebens haben ...
Denn ich weiß, woher ich gekommen bin
und wohin ich gehe.«

Jesus von Nazareth
Jüdischer Wanderprediger
† Etwa 30 n. Chr.

Der Reiseplan Ihrer Seele – einfach und prägnant

- Das Meer des Unendlichen Bewusstseins erzeugt kleinere Teile seiner selbst, ähnlich wie Tropfen. Deshalb sagt man: »Der Mensch *ist* Gott« oder »Gott erschuf den Menschen nach seinem Ebenbild«. Gemeint ist nicht das optische Abbild.

- Dieser Tropfen aus Bewusstsein wird auf die Reise geschickt, um etwas ganz Bestimmtes zu erleben und zu erfahren. Für das Meer aus Göttlichem Bewusstsein wird es ein weiteres Puzzleteil von vielen sein. Ein ganz bestimmter Standpunkt, ein Blickwinkel, von dem aus sich das Große Bewusstsein selbst erkennen kann. Diese Absicht des Großen wird zur Lebensabsicht der späteren Seele. Ein solcherart hervorgebrachter Teil ist noch nicht sofort eine Seele. Es ist zunächst einfach ein Teil des Göttlichen Bewusstseinsozeans.

- Der Tropfen aus reinem Göttlichen Bewusstsein »steigt herab« in die Welt. Dabei durchläuft er folgende Ebenen:
  - Der Tropfen löst sich aus dem *Sein* heraus *(Schöpfungsebene 5).*
  - Der *Beobachter* entsteht, also das Gefühl »Da ist etwas« *(Ebene 4).*
  - Der *Raum* wird betreten, also das Gefühl »Raum und Weite existieren« *(Ebene 3).*
  - Der Tropfen taucht in die *feinstoffliche Welt* (Ebene 2) ein. Hier herrscht bereits Polarität, und er muss sich in zwei Hälften teilen. Die beiden Dualseelenanteile entstehen.

- Noch immer in der feinstofflichen Welt: Etwa fünfzehn Seelen mit zueinanderpassenden Seelenaufgaben finden sich nach dem Anziehungsgesetz und ihren Lebensabsichten zusammen. Die Seelenfamilie entsteht.
- Eines dieser Mitglieder oder mehrere entscheiden sich zur Geburt als Mensch.

Ankunft in der *materiellen Welt (erste Schöpfungsebene)*: Irgendwo zu irgendeiner Zeit wächst ein Fötus im Bauch seiner Mutter heran. Irgendwann während der Reifezeit im Bauch entscheidet sich die Seele für diese Familie. Die Entscheidung hängt vom gebotenen »Spielfeld« ab. Wo besteht die bestmögliche Aussicht darauf, die Seelenaufgabe, also die »Göttliche Lebensidee für diese Seele«, zu verwirklichen?

- Die Seele wird zum ersten Mal als ein Mensch geboren. Sie *inkarniert.*
- Der junge Mensch ist wie ein vollkommen reines, unbeschriebenes Blatt. Er wird in den ersten Jahren von seinen Eltern »geprägt«. Biologisch durch Vererbung und geistig-emotional durch Erlebnisse und Erziehung. Das Kind lernt schnell, dass es in der materiellen Welt mit einem bedürftigen Körper immer ums »Habenmüssen« und »Loswerdenwollen« geht.
- Die ersten Handlungen werden begangen. Sie sind vollkommen vom Einfluss der Eltern geprägt. Durch die Vererbung, durch die Erziehung und durch die Art, wie die Eltern selbst es vorleben. Diese Prägung bestimmt alle folgenden Leben als Mensch. Sie wird in Varianten immer weiter an die nächsten Generationen übergeben. Deshalb wird sie »Familienkarma« genannt.

- Die ersten Beziehungen des jungen Menschen zu anderen Menschen beginnen. Wie sie sich gestalten, richtet sich danach, wie die Eltern das Kind geprägt haben.
- Das Kind lernt: Die materielle Welt der Menschen ist eine Welt des Wettbewerbs und selbst auf dem Weg zu Gott können sie das Konkurrieren nicht lassen. Die ersten inneren Pläne gegenüber anderen für das Habenmüssen und Loswerdenwollen beginnen.
- Die ersten persönlichen Ungleichgewichte gegenüber anderen Menschen (Seelen) entstehen: das »persönliche Karma«.
- Das erste Leben als Mensch endet. Viele Ungleichgewichte bleiben offen.

Die Seele inkarniert ein weiteres Mal, und zwar in eine Umgebung, die sich auch manche der Seelen aus dem letzten Leben ausgesucht haben. Nur so kann der Ausgleich der Handlungen fortgesetzt werden.

- Wieder findet in den Beziehungen zu anderen sowohl der Ausgleich als auch die Erzeugung neuen Ungleichgewichts statt.
- Am Ende des zweiten Lebens hat man viel Neues erlebt, und neue Beziehungen wurden begonnen, aber nicht alles wurde abgeschlossen.

Sehr viele weitere Inkarnationen folgen immer nach demselben Prinzip.

- Irgendwann sind alle Varianten von Beziehungen und Ereignissen mit den anderen beteiligten Seelen vollständig »durchgespielt«. Täter waren auch Opfer, Arme waren auch reich, Söhne waren auch Väter, Männer waren auch Frauen, Schuldner waren auch Gläubiger ... Jeder war das alles im Verhältnis zu jedem der anderen. Jeder hat es in gleicher Weise selbst erlitten und selbst erzeugt. Nur die Zeit und die äußere Umgebung waren immer wieder etwas anders.

- Alles wurde erlebt und ausgeglichen. Das persönliche Karma endet. Das Familienkarma allerdings bleibt, doch es hindert niemanden an der Erleuchtung oder an der Befreiung der Seele von der Wiedergeburt.
- Das Dharma kommt zum Tragen. Alles ist weitgehend ausgeglichen, und der Mensch lebt nun die wahre Absicht, für die seine Seele ursprünglich vom Großen Bewusstsein ausgesendet wurde.
- Das Dharma geht. Wenn der Grund der allerersten Inkarnation gelebt wurde, hat die Seele ihre Erfüllung gefunden. Sie hat den Sinn ihrer Existenz vollständig erfahren und könnte nun zurückkehren ins Große Bewusstsein, dem sie entsprang: zurück zu Gott.

Verwirklichung geschieht. Manche Seelen gehen trotz der Möglichkeit, endlich heimzukehren, nicht zurück ins Meer. Sie wählen freiwillig ein weiteres Mal (oder einige Male) die Menschwerdung, nur um anderen auf ihrem Weg zurück zu Gott zu helfen. Das kann in kleinem Rahmen, für nur ganz wenige Menschen geschehen oder als große spirituelle Persönlichkeit für sehr viele. Buddha und Jesus waren solche Seelen.

»Erfülle mich auch, o Herr, mein Gott,
mit dem Verstand, dich zu erkennen,
mit Eifer, dich zu suchen,
mit Weisheit, dich zu finden,
mit einer Treue,
dass ich am Ende dich umarmen darf.
Amen.«

Thomas von Aquin
Theologe, Philosoph und Kirchenlehrer
** Etwa 1225 † 7. März 1274*

Nun sind wir der Reise Ihrer Seele durch die vielen Leben gefolgt, und Sie haben eine Überblick darüber gewonnen, wo es hingehen wird. Was nützt Ihnen das für Ihren Alltag? Das werden Sie erkennen, wenn Sie miterleben, auf welche Weise Ihre großen, lebensbestimmenden Gefühle, wie die Liebe oder die Einsamkeit, entstehen. Darum geht es im nächsten Kapitel.

Das neunte Schöpfungsgeheimnis

Die Echos der Schöpfung

Viele »kleine« Gefühle in Ihrem Alltag
erzeugen Sie in sich selbst
und gemeinsam im Umgang mit anderen.
Die fünf grossen Gefühle in Ihrem Leben
kommen von Ihrer Seele.
Immer wenn Sie Liebe und Freude, Einsamkeit
und Leid und das Gefühl von Glückseligkeit
spüren, erinnert Ihre Seele sich gerade
an den Rückweg zum Schöpfungsmeer,
das Sie einst hervorbrachte.
Ihr Geschenk auf dem Weg zu Gott
liegt in dem Wissen um Ihre Seelengefühle.

»Seelengefühle« und »Menschengefühle« - Die ständigen Wegweiser durchs Leben -

Nun haben Sie mitverfolgt, wie eine Seele entsteht und welchen Weg sie geht. Um in Ihrem Leben mehr Liebe, Glück, Klarheit und Erfüllung zu finden, ist dieses Wissen überaus wertvoll, denn nun können Sie Ihre Seele besser verstehen. Dies wirkt sich weit über ein reines »Kopfverstehen« hinaus aus. Ihr gesamtes Gefühlsleben wird sich verändern, wenn Sie dieses Wissen in sich tragen. Ebenso Ihre Art, wie Sie andere Menschen wahrnehmen und ihnen begegnen.

Besonders wird sich der Umgang mit Ihren Gefühlen verändern. Sie werden an sich selbst erleben, dass es Gefühle gibt, die Sie selbst produzieren und solche, auf die Sie keinen Einfluss haben, weil Ihre Seele sie entwickelt. Nennen wir sie der Einfachheit halber »Menschengefühle« und »Seelengefühle«.

Menschengefühle sind vielfältig. Typische sind Wut, Eifersucht, Neid, Hass, Ablehnung, Trauer, Zuneigung, Sorge, Angst sowie Gefühle der Sinnlosigkeit, Schuld oder Überlegenheit – alles, was der Verstand produziert, wenn er etwas haben will, wenn er etwas nicht haben will oder wenn er etwas loslassen muss. Nichts davon ist von vornherein als »schlecht« zu bewerten. Es bedeutet einfach nur, ein Mensch zu sein. Diese große Vielfalt der Gefühle als Teil von sich selbst anzunehmen ist der Weg zur Selbstliebe, die später zur Liebe gegenüber anderen Menschen wird.

Auf diese Gefühle haben Sie einen gewissen Einfluss. Sie können lernen, sich selbst zu verändern. Angenommen, man empfindet häufig Neid und Eifersucht, sobald man jemandem begegnet, der etwas hat oder ist, was man selbst gern hätte oder sein möchte. Man kann dann lernen, seine Haltung zum Leben zu verändern. Man kann sich darin üben, das Positive zu finden, statt Missgunst und Eifersucht zu pflegen. Man könnte sich den anderen zum Vorbild nehmen, statt ihn zu beneiden. Oder man erkennt, dass jeder Mensch seinen ganz eigenen Seelenauftrag erfüllen muss. Dann freut man sich, zu sehen, wie er frei seinem Glück folgt, statt dass man ihn eifersüchtig davon abhalten will.

Menschengefühle sind veränderbar, wenn Erkenntnis stattfindet. Diese beruht auf Ihrem Wissen und Ihrem Wunsch nach Wachstum. Seelengefühle bzw. -zustände hingegen können Sie nicht beeinflussen. Hier sind Sie nur der Empfänger. Seelengefühle sind wie Wellen aus dem Universum, und Sie sind das Sandkorn, das in der Welle treibt. Das Sandkorn kann die Welle nicht verändern. Es kann sie annehmen.

Diese großen Seelengefühle sind klar und eindeutig. Es gibt deren nur fünf, und sie sind das Ergebnis von vier großen Seelenerfahrungen auf dem Weg zur Menschwerdung. Auf der Reise Ihrer Seele durch die Schöpfung haben Sie diese Stationen bereits kurz kennengelernt. Sehen wir uns nun diese Erfahrungen etwas näher an und beobachten wir, wie sie zu Gefühlen werden.

Das erste Seelengefühl: Die Einsamkeit

Erinnern Sie sich an den Moment, als der Tropfen aus reinem Bewusstsein den leeren Raum verlässt und in die *feinstoffliche Welt (Schöpfungsebene 2)* eintritt? Dort teilt er sich in die zwei Dualseelenteile. In diesem Augenblick erfuhr der Tropfen, aus dem Ihre Seele stammt, ein Grunderlebnis, das heute noch Ihr gesamtes Fühlen, Handeln und Leben als Mensch prägt: Trennung!

Plötzlich fehlt die zweite Hälfte. Der Tropfen erlebt, »wie es ist«, nicht mehr ein kompletter, vollständiger Tropfen zu sein. Er erlebt, wie es ist, nicht mehr mit Gott eins zu sein. Dieses Seelenerlebnis wird als ewige Erinnerung gespeichert. Und immer wenn sich Ihre Seele daran erinnert, erzeugt dies in Ihnen das gleiche Gefühl, nur dass Sie es jetzt körperlich erleben: Einsamkeit.

Einsamkeit

Zwei Seelen sind entstanden.
Gemeinsam waren Sie ein vollständiger Tropfen.
Gemeinsam waren Sie Gott.
Nun sind Sie zwei.
Und jedem fehlt die andere Hälfte.
Dieses Fehlen erzeugt ein Gefühl: Einsamkeit.
Einsamkeit ist, Gott nur noch von
außerhalb zu erleben.

Nun haben Sie einen großen Schlüssel, um mit einem der stärksten Gefühle umzugehen, die ein Mensch erfahren kann. Sie wissen, woher Ihr Empfinden der Einsamkeit in Wahrheit kommt. Sie wissen, dass Sie nichts falsch machen, wenn Sie das fühlen. Sie wissen, warum Einsamkeit oft nicht nachlässt, selbst wenn man sich ablenkt oder unter andere Menschen begibt. Sogar mit einem geliebten Partner an der Seite wird tief im Innern die Einsamkeit nicht aufgehoben. Da ist kein Fehler Ihrerseits. Wenn Sie Einsamkeit erleben, wissen Sie, dass Ihre Seele sich gerade an Gott erinnert.

Viele Menschen reagieren auf dieses eher unangenehme Seelenecho automatisch mit einer Art Flucht. Sie versuchen, vor der Einsamkeit davonzulaufen, indem Sie sich ablenken und ständig ohne Pause beschäftigt halten. Stellen Sie sich vor, ein Mensch unterdrückt auf diese Weise das Gefühl von Einsamkeit, und plötzlich verliert er zum Beispiel seinen Beruf. Auf einmal verschwindet ein großer Teil der Ablenkung, und er hat Zeit, seinen Empfindungen nachzugehen. Eines der ersten Gefühle, das aufkommt, ist die Einsamkeit. Vom Verstand her meinen wir, es läge daran, dass man nicht mehr Teil einer Gruppe ist; doch das ist nicht der wirkliche Grund.

Wenn man das Gefühl der Einsamkeit noch nie wirklich gespürt hat, weil das Leben bisher zu laut war und für die nötige Ablenkung gesorgt hat, trifft es einen plötzlich umso stärker. Dann versucht der Verstand, Abhilfe zu schaffen, und kommt zu dem Schluss, Einsamkeit wäre identisch mit Sinnlosigkeit. Vielleicht hat man ja Fehler gemacht, und nun wird man mit den schlechten Gefühlen bestraft?

Selbstvorwürfe und Unzulänglichkeitsgefühle kommen hinzu. Die Grundlage für die Entwicklung einer Depression ist gelegt.
Seelengefühle können Sie nicht abstellen, weil die Quelle nicht in Ihnen und Ihrem Handeln als Mensch liegt. Was in Ihrem Menschenkörper als Gefühl ankommt, ist sozusagen ein Echo. Die Aufgabe bei einem Seelengefühl liegt darin, es anzunehmen, so wie es ist. Gleichzeitig versuchen Sie, Ihr menschliches Dasein weiterzuführen, so wie es sich vor Ihnen ausbreitet. »Ja, ich fühle Einsamkeit. Und ja, ich mache das Beste, was mir in dieser Situation noch einfällt, selbst wenn ich's gern anders hätte. Ich beklage mich nicht beim Leben oder bei Gott, sondern nehme das an, was gerade da ist, ohne alles hinzuwerfen.«
Kein Leben steht ewig auf der Stelle. Es geht immer weiter.

»Man muss beides verbinden
und miteinander abwechseln lassen,
Einsamkeit und Geselligkeit.
Die eine weckt in uns die Sehnsucht nach Menschen,
die andere die Sehnsucht nach uns selbst.«

Lucius Annaeus Seneca
Römischer Philosoph, Dramatiker, Naturforscher und Staatsmann
** Etwa 1 n. Chr. † 65 n. Chr.*

Das zweite Seelengefühl: Die Liebe

Noch immer beobachten wir die Entstehung einer Seele. Der Tropfen hat sich soeben geteilt, eine Seele ist entstanden und als erstes Grundgefühl wird Einsamkeit erfahren. Die Seele sieht sich neben ihrer zweiten Hälfte und erlebt: Aha, so ist es, wenn man kein ganzer Tropfen ist. Von diesem Standpunkt der Getrenntheit aus kann die Seele nun zurückblicken, woher sie kam. Wie war es zuvor? Wie war es, noch ein ganzer Tropfen zu sein?

Dieser Zustand, an den sich Ihre Seele für immer erinnert, ist der Zustand des »Einsseins«, des Verschmolzenseins, des Nicht-getrennt-Seins. Das Gegenteil von Einsamkeit.

Wir Menschen nennen diesen Zustand *»Liebe«*.

Liebe

Nach der Trennung des Tropfens in zwei Teile
erinnert sich die Seele, wie es vorher war:
Nicht-Getrenntheit, »Liebe«.
Liebe ist die Erinnerung daran,
mit Gott eins zu sein.

Nun kennt Ihre Seele schon zwei Zustände, die das exakte Gegenteil voneinander sind: die Einsamkeit und die Liebe. Für die Seele ist das wie zwei Brotkrumen auf dem Weg zurück zur Quelle, aus der sie stammt. Sowohl die Einsamkeit als auch die Liebe weisen ihr den Weg zurück zu Gott. Deshalb nennt man diese allerersten Seelenerlebnisse auch »Seelenwege«.

Jetzt wissen Sie auch um den Unterschied zwischen »Menschen-Liebe« und »Gottes-Liebe«. Die Liebe zu einem Menschen ist die Sehnsucht nach menschlicher Nähe, Sicherheit, Zuwendung, Wärme und Geborgenheit. Sie wird Ihre Sehnsucht nach Gott nicht stillen. Und Ihre Liebe zu Gott wird nicht automatisch Ihre Sehnsucht nach einem geliebten Partner beseitigen.

Seele sein und Mensch sein: Beides darf gleichzeitig geschehen, weil das eine das andere nicht stört. Lieben Sie Menschen, und sehnen Sie sich gleichzeitig nach der Einheit mit dem Höheren. Wie wundervoll, wenn beides in Ihnen geschehen darf.

»Liebe ist die stärkste Macht der Welt,
und doch ist sie die demütigste, die man sich vorstellen kann.«

Mahatma Gandhi
Indischer Staatsmann, spirituelle Leitfigur und Philosoph
** 2. Oktober 1869 † 30. Januar 1948*

Das dritte Seelengefühl: Die Schwere

Als Nächstes verlässt Ihre Seele die feinstoffliche Welt und betritt die Bühne der materiellen Welt, indem sie sich in einen Körper inkarniert. Was könnte die erste Erfahrung Ihrer Seele sein, wenn sie aus der sehr lichtvollen, weiten, körperlosen und leichten Umgebung der *feinstofflichen Welt* in die *materielle Welt* kommt? Sie erlebt, wie sich die Energie, von der sie umgeben ist, extrem verdichtet, immer mehr, und zwar so lange, bis sie in einem menschlichen Körper aus Fleisch und Knochen angekommen ist. Für Ihre Seele war das erste Erlebnis beim Eintritt in die materielle Welt also: *Schwere.* Plötzlich an einen so dichten und trägen Körper gebunden zu sein wird – wenn man aus der feinstofflichen Welt kommt – zunächst einmal nicht als positiv empfunden.

SCHWERE

In einen Körper einzutreten
führt zum Erlebnis von »Schwere«.
Schwere und Druck sind die ersten Gefühle
auf dem Weg,
ein Mensch in einer materiellen Welt zu sein.
Schwere ist: die Seelenwelt verlassen zu haben.
Das ist das Leid der Menschen.

Das vierte Seelengefühl: Die Freude

Von diesem neuen Standpunkt aus (dem Zustand der Schwere und Stille) kann die Seele sich an den Zustand davor (ohne Schwere) erinnern. Wie war es dort, als noch nicht alles von außen nach innen zusammengedrückt wurde? Es war, wie grenzenlos zu sein, ein andauerndes Sich-nach-außen-hin-Ausdehnen. Es war wie ein Gefühl von Weite, Leichtigkeit und Freiheit. Der Mensch erlebt diese Erinnerung seiner Seele an den Rückweg zu Gott in der Form des vierten Grundgefühls »Freude«, in der Glückseligkeit.

FREUDE

Vom Standpunkt der Schwere aus
hat die Seele die Möglichkeit, sich zu erinnern,
wie es vorher war:
Leichtigkeit, Freiheit, Freude und Glückseligkeit.
Freude ist die Erinnerung daran,
als Seele im feinstofflichen Himmel zu sein.

Nun verstehen Sie, warum große Freude sich anfühlt wie Schweben. Es ist, als würden Sie weit und leicht werden, sich ausdehnen, und Ihr Herz könnte vor Glück fast explodieren.
Wenn sich etwas Wichtiges im Leben erfüllt, entsteht diese »glückselig« machende Freude; oder wenn Sie ein bedeutsames Erlebnis hinter sich haben, an dem Sie wachsen und viel erfahren durften. Dieses tiefe Glück kommt immer dann, wenn Sie von etwas frei werden. Selbst wenn sich ein materieller Wunsch erfüllt, spüren Sie das Glück nicht nur, weil Sie einen Gegenstand mehr Ihr Eigen nennen. Sie spüren es vor allem, weil der unerfüllte Wunsch endlich nicht mehr besteht. Es kommt einer Erlösung gleich: »Ein Wunsch weniger, den ich in mir zu tragen habe.«

»Frei von Begierde
erkennst du klar das Geheimnis.
In Begierde verstrickt,
siehst du nur die Erscheinungsformen.«

Laotse
Chinesischer Philosoph, Begründer des Taoismus
6. Jahrhundert v. Chr.

Das fünfte Seelengefühl: Die Klarheit

Sie erinnern sich: Ganz zu Beginn erhob sich ein Tropfen aus dem Meer und betrachtete das Meer. Beide, Tropfen und Meer, waren völlig ohne Eigenschaften. Ohne Liebe und ohne Einsamkeit. Ohne Freude und ohne Leid. Nur Gott, der sich selbst ohne jeden Filter selbst erlebt.

Diesen Zustand kennen Sie vielleicht auch. Es ist der Moment, wenn das Pendel der Kräfte in Ihrem Leben für einen Moment ruht. Nach großen Gefühlen und starkem Auf und Ab. Wenn die Welt Sie für ein paar Augenblicke loslässt, damit Sie sich an die Wahrheit über alles erinnern können. Ein Moment am höchsten Punkt der Achterbahn, an dem Sie die Freiheit spüren, ehe Sie wieder ins Leben eintauchen.

Klarheit

Die sanfte Ruhe zwischen den Erlebnissen
der vier anderen Zustände
ermöglicht die unbeeinflusste Betrachtung
der Schöpfung
genau so, wie sie wirklich ist.
Klarheit ist das höchste spirituelle Glück

Die Summe aller Seelengefühle: Der Rückweg zu Gott

Einsamkeit und Liebe, Leid (Schwere) und Freude sowie die Klarheit: Diese deutlichen Erlebnisse sind für Ihre Seele wie Wegweiser auf der Strecke, die sie zurückgelegt hat.

Was bedeutet »Wegweiser«? Ein Beispiel sehen wir uns im nächsten Schöpfungsgeheimnis genauer an: wenn ein Mensch stirbt und die Seele den Körper verlässt ... Woher weiß die Seele dann, wohin sie sich bewegen soll? Sie kann ja nicht darüber »nachdenken«, und sie hat auch keinen »Lageplan«. Wie findet sie den Rückweg in die feinstoffliche Welt?

Die Seelengefühle sind ihr Leitfaden. Sie folgt den großen Seelenerlebnissen in umgekehrter Reihenfolge: Der Körper stirbt, und die Seele verlässt ihn. Das erste Gefühl ist: frei werden, weit werden. Freude! Die Schwere ist aufgehoben. Dann erinnert sie sich an den Zustand im Körper, den sie gerade verlassen hat: Schwere. Dorthin zurück ist nicht der Weg. Danach kommt die Erinnerung an das frühere Zusammensein mit dem zweiten Seelenteil: Liebe. Wo fand dieses Zusammensein statt? In der feinstofflichen Welt. Also: Dort, »wo es sich wie Liebe anfühlt«, dahin führt der Rückweg.

Menschen mit Nahtoderlebnissen berichten genau davon: Zuerst wird es leicht und weit und hell. Wie ein Sichausdehnen in die Glückseligkeit. Eventuell wird noch ein Blick auf den zurückbleibenden Körper geworfen. Und dann kommt ein unglaubliches Gefühl von Geborgenheit und Liebe, das man nie mehr missen möchte.

Die Seele folgt diesen Gefühlen, als lägen sie wie Brotkrumen auf einem Weg.

Beeinflussen kann man sie nicht. Aber irgendwie klarkommen möchte man mit diesen großen Gefühlen. Am Ende des Buches finden Sie mehr Informationen darüber, wie Sie in Ihrem Alltag ganz praktisch mit Seelengefühlen umgehen und so die Qualität Ihres Lebens verbessern und Erfülltheit anstreben können.

Der Ring der Gefühle

Es war einmal ein mächtiger König, der über viele Länder herrschte. Er war selbst so weise, dass er seine Hofgelehrten für gewöhnlich nur selten zu Rate zog. Doch eines Tages wurde er von einer derart großen Unruhe erfasst, dass er seine Gelehrten zu Hilfe rief.

»Ich weiß nicht, warum«, sagte er zu ihnen, »aber ich fühle das unbändige Verlangen nach einem Ring, der mir dabei hilft, mein Königreich weise zu regieren. Ich muss einen solchen Ring unbedingt haben. Er soll so beschaffen sein, dass er mich glücklich macht, wenn ich traurig bin, und mich traurig macht, wenn ich glücklich bin.«

Die Weisen zogen sich zur Beratung zurück. Schließlich fanden sie eine Lösung und wussten, wie der Ring beschaffen sein musste, um ihrem Herrscher zu helfen. Sie ließen den Ring anfertigen und übergaben ihn dem König. Als dieser ihn an seinen Finger steckte und betrachtete, entdeckte er darauf eine Inschrift mit den Worten: »Auch das wird vergehen.«

Eine Geschichte aus dem Sufismus, einer Weisheitslehre des Islam

*»Ganz er selbst sein darf jeder nur,
solange er allein ist.
Wer also nicht die Einsamkeit liebt,
der liebt auch nicht die Freiheit;
denn nur wenn man allein ist, ist man frei!«*

*Arthur Schopenhauer
Deutscher Philosoph und Schriftsteller
* 22. Februar 1788 † 21. September 1860*

Ihre Seele und Sie sind untrennbar miteinander verbunden. Wenn Ihre Seele etwas erlebt und fühlt, werden Sie das unmittelbar mitbekommen. Im nächsten Kapitel sehen wir uns an, welche konkreten persönlichen Erlebnisse Sie in Ihrem Alltag haben werden, wenn sich Ihre Seele nach der langen Reise auf den Rückweg begibt.

Das zehnte Schöpfungsgeheimnis

Das ewige Leben

Eines Tages bleibt Ihr Körper
und der Ihrer Lieben zurück.
Doch die Seelen reisen weiter.
Ihr Weg durch die Schöpfung
ist das Auflösen und Neuentstehen,
das Vergessen und Sich-erinnern.
Bis sie vor der Pforte Gottes stehen,
um auch dann wieder neu zu entstehen.
Die zeitlose Ewigkeit
ist weder ein Glaube noch eine Hoffnung.
Sie ist die Schöpfung selbst.

Das Bewusstsein über Gott und die Schöpfung - Erlebnisse und Erfahrungen auf dem Weg -

Noch immer sind wir auf der Reise Ihrer Seele. Aber nun geht es darum, was Sie in Ihrem praktischen Alltag, an sich selbst und an Ihren Gefühle und Beziehungen beobachten werden, wenn sich Ihre Seele dem Ende einer sehr langen Reise nähert. Wenn sich Ihre Seele in einer der letzten Inkarnationen befindet, werden Sie einige Besonderheiten an sich selbst und an Ihrem Lebenslauf feststellen. Diese auffälligen Ereignisse, Erlebnisse und inneren Zustände haben alle damit zu tun, dass die Seele »von der materiellen Welt losgelassen wird«. Immer mehr Bindungen an die Welt der Formen und Gegenstände lösen sich, ähnlich wie bei einem Schiff, dessen Leinen von der Hafenmauer aus ins Wasser geworfen werden, weil es kurz vor dem Aufbruch ins Meer steht. Wenn so etwas geschieht, dann entscheidet nicht das Schiff darüber, welche Leinen in welcher Reihenfolge losgemacht werden. »Aus Sicht des Schiffs« geschieht es scheinbar zufällig. Und dennoch hat es eine Reihenfolge.

Das Sandkorn Gottes

Eine Geschichte darüber, wessen Wille geschieht

Zu Beginn war ein endloses Meer aus Sandkörnern neben einem endlosen Meer aus Wasser.

Ein Sandkorn wachte am Strand auf. Das Erste, was es erlebte, war Sand. Körner zwischen anderen Körnern. Hügel aus Sand. Täler aus Sand. Wellen und Ebenen aus Sandkörnern. Eine Welt mit scheinbar unendlicher Vielfalt und dennoch erschaffen aus demselben, aus dem das Sandkorn selbst bestand.

Eine leichte Brise, wie ein Hauch vom Atem Gottes, bewegte die Oberfläche des Sandes.

Das Sandkorn wusste nichts über sich selbst und nichts über diese Welt, in der es aufgewacht war. Um mehr zu erfahren, beschloss es, sein Umfeld zu erkunden.

Die Brise wurde zu Wind. Und der Wind strich über den Strand wie die unsichtbare Hand Gottes, die mit einer einzigen Bewegung kleine Wolken des Sandes zum Leben erweckte.

Schon nach kurzer Zeit hatte das Sandkorn gelernt, dass es in dieser Welt darum ging, einen Wunsch und ein Ziel zu haben und sich kraftvoll dorthin zu begeben. Sonst würde man nur ein Sandkorn unter vielen bleiben, ohne Sinn und Bedeutung. Immer wieder suchte es sich neue, vielversprechende Punkte am Strand und machte sich auf den Weg.

Der Wind Gottes spielte mit den Körnern am Strand. Das Spiel des Windes erschuf immer wieder neue Landschaften von endloser Vielfalt.

Das Sandkorn war überrascht, wie unterschiedlich schnell oder langsam seine Entscheidungen es zum Ziel führten. Manchmal schien es, als müsse es nur intensiv an ein Vorhaben denken, und schon kamen gut gesonnene Kräfte, die es dem Ziel entgegentrugen. Andere Male schien es ihm, als könnte es sich so sehr wünschen und bemühen, wie es wollte, aber statt vorwärtszukommen, klebte es nur an der Stelle fest oder wurde sogar in die Gegenrichtung gedrängt.

Der Wind Gottes war immer in Bewegung. Sein Wehen brachte die Körner ohne Unterbrechung in immer neue Formen. Erschaffen und Auflösen waren für ihn dasselbe. Für den Wind gab es keine Zerstörung. Es gab nur Veränderung.

Bei allem, was das Sandkorn im Lauf der Zeit erlebte, konnte es nur eines sicher sagen: Es schien kein zuverlässiges System dahinterzustecken, ob man bekam, was man wollte, oder nicht. Zuverlässig war allein, dass es irgendwie immer weiterging. Schön waren die Erlebnisse, wenn das Sandkorn ein Ziel erreicht hatte. Zum Beispiel erklomm es immer wieder neue Gipfel der umliegenden Berge und erfuhr dabei immer mehr von der Welt, in der es aufgewacht war. Und jedes Mal fühlt es sich für einige Augenblicke angekommen. Doch schon bald darauf kam die rastlose Sehnsucht zurück.

Und der Wind Gottes blies in einem Wirbel unzählige Körner zusammen, und es bildete sich ein neuer Berg.

Irgendwann, nach ungezählter Zeit, bemerkte das Sandkorn, dass auf jeden eroberten Berg immer nur die Sicht auf weitere Berge freigegeben wurde. Von der Ferne vielleicht geheimnisvoll und neu, doch wenn man sie erklommen hatte, immer wieder ähnlich. Die Welt des Sandkorns fühlte sich zunehmend eintönig und sinnlos an. Da wendete das Sandkorn zum ersten Mal seinen Blick von Bergen und

Tälern aus Sand ab. Und es entdeckte das Meer.
Der Wind Gottes bewegte das Meer, und die Wellen leckten wie lange Zungen nach den Sandkörnern am Strand.
Dieses Meer aus Wasser war völlig anders als die Berge, Ebenen und Täler aus Sand. Es bewegte sich viel schneller, schien unendlich, unergründlich, unverständlich. Um dieses Meer zu erforschen, müsste man sich ihm völlig übergeben. Als einzelnes Korn im Meer würde man nichts mehr kontrollieren können. Das war die größte Angst, die das Sandkorn jemals bisher gefühlt hatte. Und so beschloss es, lieber weiter den Strand zu erforschen.
Doch wohin auch immer es sich aufmachte – immer wieder war da nur Sand in seinen verschiedenen Formen. Für das Sandkorn war es, als würde sich alles einfach nur endlos und sinnlos wiederholen.
Mit diesen Zweifeln am Sinn seines Daseins wagte das Sandkorn erneut einen Blick auf das Meer. Und wieder sah es, wie sich die Wellenzungen nach einigen Körnern streckten und manche davon zu sich holten. Doch dieses Mal war die Angst geringer und die Sehnsucht nach dem Meer größer geworden. Das Sandkorn beschloss, das Abenteuer zu wagen und seinen Blick völlig dem Meer zuzuwenden.
Der Wind Gottes änderte seine Richtung und blies nun stetig dem Meer entgegen.
Durch den Entschluss, seine Sehnsucht nach dem Meer zuzulassen, ganz gleich, was auch geschehen möge, spürte das Sandkorn eine unglaubliche Kraft in sich. Wie ein starkes Ziehen im innersten Zentrum seiner selbst. Es war, als würde das Meer das Sandkorn zu sich saugen wollen, und gleichzeitig schien eine andere Kraft es von hinten anzuschieben.

Auf das Meer zuzugehen war nun keine einzelne Entscheidung mehr, so wie all die Entscheidungen zuvor. Auf das Meer zuzugehen geschah einfach. Das Ja zur eigenen Sehnsucht und gleichzeitig der Entschluss, nicht mehr vor der eigenen Angst davonzulaufen, schienen zu genügen.
Und der Wind Gottes wurde kräftiger und wehte immer mehr Sand in Richtung des Meeres.
Das Sandkorn nahm noch einmal all seinen Mut zusammen und ließ sich den Berg hinuntergleiten. Dieses Mal nicht in Richtung des nächsten Berges, sondern zum Meer hin. Und während es den Hügel hinunterrollte, spürte es Zweifel an seiner Entscheidung. Immer schneller rauschten andere Sandkörner rechts und links ihm vorbei. Immer kürzer wurden die Begegnungen mit ihnen, und immer mehr Bekanntes musste es zurücklassen.
Plötzlich schien es dem Sandkorn, als hätte es mit seiner Sehnsucht nach dem Meer eine Kraft in Gang gesetzt, auf die es nun keinen Einfluss mehr hatte.
Das machte ihm so sehr Angst, dass es versuchte, seine Richtung zu ändern und den Weg zurück, den Berg hinauf, zu nehmen. Für einen Moment schien die Fahrt zum Meer sich dadurch zu verlangsamen, und für einen noch kürzeren Moment glaubte das Sandkorn sich wieder geborgen in seiner alten Welt, zwischen all den anderen Körnern im Hügel.
Doch in Wahrheit war die alte Welt nur noch eine Kulisse, die immer schneller vorbeiglitt. Und je mehr das Sandkorn versuchte, sich an dieser Kulisse festzuhalten, umso schneller schien sie zu verrinnen.
Kurz vor dem Meer veränderte sich der Wind Gottes und erzeugte nach oben steigende Wirbel. Viele Sandkörner, die mit aller Mühe

unbedingt das Meer erreichen wollten, wurden stattdessen emporgehoben und weit zurück auf den Hügel getragen, von dem sie kamen.
Irgendwann wurde die Fahrt langsamer und kam schließlich völlig zum Stillstand. Das Sandkorn war an der Grenze zum Meer angekommen. Hier war alles ganz anders, als es vom Hügel aus ausgesehen hatte. Da war keine Angst mehr, obwohl das unendliche Meer so nahe war. Das Sandkorn spürte zum ersten Mal, was Alleinsein war. Das Alleinsein, direkt vor dem Meer, war nicht dasselbe wie die Einsamkeit zwischen den anderen Sandkörnern. Dieses Alleinsein im Angesicht des Meeres war eine tiefe innere Stille, völlig ohne Angst.
Manche Körner wurden vom äußersten Rand eines Windwirbels bis zur Wellengrenze geblasen. Und irgendwann, nach einem letzten Windhauch Gottes, wurden sie von einer Welle zurück ins Meer geholt.
Als die Welle kam und das Sandkorn vom Strand abholte, wurde die Stille zu Glück. Obwohl das Korn allein im Wirbel des Wellenwassers trieb, getrennt von der Welt des Strandes und der Berührung mit anderen Sandkörnern, war da nur noch unendliche Glückseligkeit. Mehr als jemals zuvor. Es war das Gefühl, am Ende einer langen Reise endlich zu Hause zu sein.
Im selben Augenblick blies der Wind Gottes über den Strand, und ein anderes Sandkorn wachte auf.

Spirituelle Erfahrungen sind keine Krankheiten

Viele Verhaltensweisen, Erlebnisse und Eigenschaften eines Menschen auf dem spirituellen Weg sind für Außenstehende unerklärlich und befremdlich. Und für den, der sie erlebt, können sie ebenfalls sehr verwirrend oder verstörend sein. Zum Beispiel werden Menschen mit Erleuchtungserlebnissen von der Schulmedizin oder von der klassischen Psychologie oft fälschlicherweise als pathologisch eingestuft, also krank. Verliert jemand beispielsweise sein »Ichgefühl« und erlebt er die Empfindung von Leere *(dritte Schöpfungsebene)*, so gilt das als ernstzunehmende Krankheit. Tatsächlich aber kann es sein, dass dieser Mensch gerade auf dem Weg zur Erleuchtung ist. Dabei wird das Ich als Illusion erkannt, und ein Teil davon löst sich auf. Das erzeugt Sinnlosigkeitsgefühle und Identitätsverlust.

Würde man dem Betroffenen erklären, was gerade auf Seelenebene mit ihm geschieht, so könnte er seine großen inneren Umbrüche verstehen und würde seinen Weg in größerer Klarheit und innerer Stabilität erleben. Er wüsste, dass mit ihm alles in Ordnung ist und er sogar gerade ein großes Geschenk erhält.

Damit Sie solche auffälligen Veränderungen in sich selbst und in Ihrem Leben besser verstehen und handhaben können, finden Sie nachfolgend typische Erlebnisse auf dem Weg in den neuen Bewusstseinszustand.

12 Wegbegleiter in den neuen Bewusstseinszustand

1 Loslassen findet statt

»Vieles, was mir wichtig ist und Freude gibt, wird mir immer wieder weggenommen. Ich traue mich fast schon gar nicht mehr, mir etwas Schönes zu wünschen, weil es ohnehin nicht bei mir bleibt. Es kommt mir vor, als würde ich für etwas bestraft werden.«

Falls diese oder ähnliche Worte jetzt Ihre Situation treffend beschreiben, bedeutet das keineswegs, dass Sie »etwas falsch machten«. Vielmehr ist es so, dass auf dem Weg zurück zur Quelle von der Seele (und damit von Ihnen) immer mehr von all dem abfallen wird, was auf der langen Reise durch die materielle und die feinstoffliche Welt angesammelt worden ist. Als denkender Mensch in der *materiellen Welt* erleben Sie das dann so, als müssten Sie immer wieder etwas loslassen, besonders dann, wenn es Ihnen etwas bedeutet. Sie durchleben das Gefühl des *Verlusts.*

Manche Verluste – besonders wenn es um geliebte Menschen, schöne Gegenstände oder angenehme Lebensumstände geht – empfinden Sie vielleicht als ungerecht oder wie eine Bestrafung. Über andere Verluste freuen Sie sich möglicherweise sogar, weil sich endlich etwas aus Ihrem Leben entfernt, was Sie nicht wirklich glücklich gemacht hat. Man könnte manchmal glauben, all die Geschenke und Verluste hätten mit einem System von Belohnung und Bestrafung zu tun.

Aber so ist es keineswegs. In Wirklichkeit wird hier niemand bestraft, sondern die Seele wird frei. Lässt einen dabei eine unangenehme Situation endlich los, freut man sich. Lässt einen eine schöne

Situation wieder los, beschwert man sich vielleicht. Doch so denkt nur der Verstand in seiner materiellen Welt von Gewinnen, Besitzen und Verlieren. Aber Gott straft nicht, und Gott belohnt nicht. Das Große Bewusstsein bewertet nicht und verurteilt nicht. Was immer auch geschieht, bedeutet nur: Die Schöpfung findet statt. Schicksal erfüllt sich, damit die Seele frei werden kann.

»Es geht nicht darum,
etwas zu erwerben oder zu erreichen,
sondern immer nur darum, etwas loszuwerden,
was sich als Hindernis erwiesen hat.
Jeder Mensch ist bereits vollkommen.
Alle Mühen, bestimmte Vorstellungen
von der eigenen Person zu verwirklichen
und ein persönliches Ich aufzubauen,
sind vergebens.
Rechte Selbst-Verwirklichung bedeutet:
zurück zum Ursprung.«

Ramana Maharshi
Indischer erleuchteter Weisheitslehrer
** 30. Dezember 1879 † 14. April 1950*

Loslassen ist der einzige Weg in die Freiheit. Verluste sind also keine Bestrafung. Für die Seele gibt es beim Freiwerden nicht Gutes oder Schlechtes. Es gibt nur Freiheit oder Unfreiheit.

Das ist der Grund, warum Menschen mit allem nur denkbaren Besitz und Erfolg in der materiellen Welt gleichzeitig zutiefst unglücklich sein können. Sie besitzen vielleicht alles, was sie wollen, aber sie sind nicht frei. Andere haben kaum etwas und verlieren manchmal sogar noch ihr Letztes, und dennoch scheinen sie ihren Frieden gefunden zu haben.

Reich und glücklich zu sein ist ebenso natürlich, wie reich und unglücklich zu sein – oder arm und glücklich bzw. arm und unglücklich. Nicht reich oder arm zu sein ist der Schlüssel zum Glück, sondern frei oder unfrei. Falls Geld einem Menschen einige Belastungen nimmt, macht es frei und führt zu Glücksgefühlen. Falls Geld mehr Belastung und Verpflichtung erzeugt, macht es unglücklich. Glück misst sich immer am Grad der Freiheit der Seele.

Ihre Aufgabe: In dieser Phase liegt Ihre Aufgabe darin, das Loslassen beständig mehr zu gestatten, ohne gleichzeitig zu resignieren. Integrieren Sie Ihr Wissen um den Schöpfungsablauf in Ihren Alltag. Kämpfen Sie nicht gegen die großen Lebenskräfte, sondern üben Sie sich darin, sie zu erkennen. Lassen Sie gehen, was unbedingt gehen will, und engagieren Sie sich aus ganzem Herzen, wo etwas Neues kommen will. Wenn sich Neues nicht gleich von selbst zeigt, verzweifeln Sie nicht, sondern halten Sie Ihr Leben in Gang. Schaffen Sie immer wieder neue Möglichkeiten, damit Ihr Leben Ihnen Neues bringen kann.

»Wissen ist besser als der bloße Vollzug von Ritualen.
Meditation ist besser als Wissen.
Der Verzicht auf die Früchte der eigenen Taten
ist besser als Meditation.
Warum?
Weil dem Aufgeben von Erwartungen sofort Frieden folgt.«

Aus der Bhagavad Gita, der heiligen Schrift des Hinduismus

2 Die großen Gefühlswellen nehmen zu

»Plötzlich bin ich tieftraurig. Oder ich habe große Angst. Ohne wirklichen Grund. Ein andermal bin ich zutiefst von Glück erfüllt, könnte die Welt umarmen, obwohl eigentlich nichts Besonderes geschehen ist. Und dann wechselt es schnell wieder. Warum ist das so?«

Für solcherart starke und scheinbar grundlose Gefühlswellen gibt es drei Ursachen:

- *Verletzungen* aus diesem Leben, die im Unterbewusstsein gespeichert wurden und von dort aus unerkannt wirken,
- Ihre *Seelengefühle* oder
- die *Gefühle des Kollektivs*, von dem Sie umgeben sind.

Viele persönliche *Verletzungen* (Traumata) wurden in früher Kindheit regelrecht »in Ihr System einprogrammiert«. Daran erinnern Sie sich nicht mehr im Einzelnen, doch in passenden Situationen werden sie aktiviert. Sie können aber immerhin erkennen, dass diese

Situation oder jener Mensch – wieder einmal – das Gefühl ausgelöst hat. Dann scheint es zumindest nicht »unerklärlich«. Wenn Sie dann, statt rationale Ursachen zu suchen oder Schuld zu verteilen, in sich selbst das »Durchfühlen« zulassen, findet ein Stück innerer Heilung statt.

Aus Sicht des Verstandes völlig »grundlos« ist die zweite Art von Gefühlswellen - die Seelengefühle -, denn ihre Ursache ist in der materiellen Welt nicht zu finden. Gleichzeitig sind diese scheinbar grundlosen Gefühle die stärksten Ihres Lebens. Sie haben immer zu tun mit Liebe und Einsamkeit, Freude und Leid – es war noch nie anders. Doch je bewusster Sie werden, umso mehr fällt es Ihnen auf. Je mehr die Aufgaben in der materiellen Welt von Ihrer Seele abfallen, desto feinfühliger werden Sie selbst für Ihre Seelengefühle. Wieder liegt Ihre Chance darin, alles vollkommen da sein zu lassen, was gerade in Ihnen da sein will.

Kommen wir zur dritten Art von Gefühlswellen, den *Kollektivgefühlen*: Ein »Kollektiv« ist eine Gruppe von Menschen, die etwas Gemeinsames miteinander verbindet. Das können nur zwei Menschen sein (z.B. Sie und Ihre Mutter) oder auch eine größere Gruppe. Verbindungen zwischen Menschen bestehen immer aus Gefühlen. Wenn Sie zum Beispiel in einer Gruppe von Menschen stehen, die panische Angst haben, kommt diese Angst auch wie eine Welle in Ihnen hoch. Sofern Sie sich umsehen und die Gruppe und die Angst beobachtend erkennen können, ist Ihnen zumindest klar, was hier geschieht. Doch Menschen müssen sich nicht sehen, um einander zu spüren. Sie sind in jedem Moment miteinander verbunden. Wenn also eine große Gruppe von Leuten in Ihrem Land oder irgendwo auf der Welt Einsamkeit und Angst spürt, werden Sie dies miterleben. Es ist nicht Ihre Angst, und dennoch durchströmt sie auch Ihr System. Nun werden Sie auf Ihrem Weg immer feinfühliger. Ihr Geschenk dabei ist, dass Sie die schönen Gefühle viel eindringlicher genießen können. Die gesamte »Intensität des Lebens« steigt an. Ihr Preis dafür ist, dass Sie gleichzeitig auch die Gefühle von anderen mitspüren werden.

Ihre Aufgabe: Traurigkeit, Einsamkeit, Liebe und Freude werden Sie ebenso wenig »kontrollieren« können, wie Sie es kontrollieren können, das Licht der Sonne zu sehen, die Wärme eines Feuers zu spüren oder die Stimmen von Menschen zu hören. Es ist ganz einfach eine neue Wahrnehmungsebene, die nun hinzukommt. Die Aufgabe in dieser Phase liegt darin, dass Sie lernen, mit dieser neuen Wahrnehmung umzugehen. Sie können die Welle nicht verändern, denn Sie sind nur das Sandkorn. Aber Sie können die Welle wissend erleben und zulassen.

»Diese Freude kommt direkt von meiner Seele«, oder: »Die Traurigkeit scheint heute überall da draußen zu sein.« So könnten Ihre Erkenntnisse aussehen, wenn Sie näher hinschauen. Damit bleiben Sie in Ihrer Mitte, auch wenn es sich manchmal stürmisch anfühlt. Sobald Sie ein »Wellenbeobachter« werden, stellen Sie fest, dass jede noch so hohe Woge letztlich immer wieder ausklingt.

»Die Liebe beginnt da, wo das Denken aufhört.
Wir brauchen aber die Liebe von Gott nicht zu erbitten,
sondern wir müssen uns für sie nur bereit halten.«

Meister Eckhart (Eckhart von Hochheim)
Deutscher Theologe und Philosoph, Dominikaner
** Um 1260 † 30. April 1328*

3 Die »kleinen« Gefühle verschwinden

»Mir macht immer weniger wirklich Freude. Vieles, was mich früher tief berührt oder hellauf begeistert hat, langweilt mich heute fast schon. Gleichzeitig werden mir aber auch Ereignisse gleichgültig, über die ich mich früher geärgert habe. Es ist, als lebte ich zunehmend hinter einer Art Abschirmung aus Desinteresse. Wenn ich das so beobachte, fürchte ich, depressiv zu werden und am Sinn des Ganzen zu zweifeln.«

Je weiter der Weg Ihrer Seele durch eine Ihrer letzten menschlichen Inkarnationen fortschreitet, umso mehr lassen ja die Bindungskräfte an die Welt nach. Einer der Kanäle, die Sie mit der materiellen Welt besonders verbinden, ist Ihr Körper mit seinen Sinneserlebnissen, den »Körpergefühlen«.

Sie lieben diese Welt und sind gern hier, weil Sie positive Erlebnisse haben. »Gute Erlebnisse« erzeugen gute Gefühle. Es sind »angenehme Sinneswahrnehmungen«, also gutes Essen und Trinken, betörende Gerüche von Blumen oder Parfüms, wohlige Körpergefühle wie beim Sport, bei Wellnessmaßnahmen oder in der Sexualität, schöne Eindrücke für die Augen wie Landschaften, Kunstwerke oder Filme, wundervolle Hörerlebnisse wie Musik oder erbauliche Gespräche ... All das sind angenehme Sinneserlebnisse, die Sie mit der *materiellen Welt* verbinden.

Gegen Ende ihrer langen Reise durch viele Leben wird Ihre Seele diese materielle Welt bald für immer verlassen. Sie werden dann vielleicht beobachten, dass manche Sinneswahrnehmungen sich abschwächen. Was für Sie früher so intensiv schmeckte und lustvoll war, verliert immer mehr an Intensität. Musik, die Sie früher genossen haben, kann Sie langweilen. Gespräche und Ansichten, die Sie zuvor mit Leidenschaft führten oder verfolgten, werden Ihnen gleichgültig. Bisherige Freizeitbeschäftigungen verlieren an Reiz, und selbst die bislang so faszinierende Sexualität könnte sich immer weniger erfüllend für Sie anfühlen.

Wo Sie früher mitgelitten und mitgefühlt hatten, scheint heute die Verbindung verloren zu sein. Als würde eine unsichtbare Wand Sie daran hindern, zu fühlen. Ihr Fühlen ändert sich, weil in Ihrem System keine Resonanz mehr zum betreffenden Thema vorhanden ist. Es wurde durchlebt und ist abgeschlossen. Wenn Sie zurückblicken und das Gestern mit dem Heute vergleichen, werden Sie viele solche Veränderungsphasen feststellen.

Nichts davon ist falsch. Es muss so sein, sonst könnten Sie nicht weiterreisen. Sonst würde die »Lust an den Dingen« Sie weiterhin in der materiellen Welt festhalten.

Machen Sie doch einmal eine der beiden folgenden Praxiserfahrungen:

Der Kinotest: Wenn Sie prüfen möchten, wo genau in Ihrem Inneren die »Resonanz« verschwunden ist (also was auf Seelenebene bereits gelöst ist), können Sie sich einmal verschiedene Kinofilme ansehen und erfühlen, welche Wirkung diese auf Sie haben. Etwas, was Sie noch vor wenigen Jahren emotional berührte oder abstieß, könnte Sie heute völlig neutral lassen oder gar langweilen. Das wäre ein deutlicher Hinweis darauf, dass hier Ihre Resonanz ausgeklungen ist. Das Thema »kriegt Sie nicht mehr«.

Orte und Erinnerungen: Manche Erinnerungen, die Sie früher schön fanden, werden Ihnen nur noch wie blasse Teile eines alten Films vorkommen. Sie wissen zwar, dass es um Ihre eigene Vergangenheit geht, aber durch die Erinnerung werden keine Gefühle mehr ausgelöst. Wenn Sie sich dann das »Thema« einer solchen Erinnerung ansehen, werden Sie feststellen, dass Ihre Empfindungen zu der Angelegenheit verblassen. Sie lassen sich nicht mehr in ihrer vollen Intensität »reproduzieren«, selbst wenn Sie wieder an den alten Traumstrand fahren oder das ehemalige Lieblingscafé aufsuchen. Irgendwann werden kein Strand und kein Café der Welt in Ihnen dasselbe schöne Gefühl wie früher erzeugen können. Dann ist es »abgelebt«, und Sie sind frei. Weitere immer gleiche Strandurlaube können dann statt Glücksgefühlen sogar zunehmende Unzufriedenheit auslösen: »Schon wieder so ein Strand. Immer dasselbe.« Und Sie fragen sich: »Warum empfinde ich fast gar nichts, obwohl es hier doch genauso schön ist wie früher oder sogar noch schöner?« Dass bestimmte Gefühle verschwinden ist also ein natürlicher Teil der spirituellen Entwicklung. Manche Menschen wissen jedoch nicht, was auf dem Weg des Freiwerdens geschieht, und sie glauben dann, bei ihnen liefe etwas falsch, weil sie hier oder dort nichts mehr empfinden. Dann denkt der Verstand darüber nach, wo der Fehler sein könnte. Er findet ihn nicht, und man empfindet Sinnlosigkeit. Manchmal entsteht durch dieses Verschwinden von Gefühlen sogar eine Form der Depression.

Ihre Aufgabe: Wenn Gefühle, die an Menschen und Erlebnisse gebunden waren, nachlassen bzw. verschwinden und sich nicht mehr reproduzieren lassen, ist das nicht automatisch ein »Fehler«. Es sind Schritte der Seele auf dem Rückweg, und hinter diesen Schritten warten neue Geschenke auf Sie.

Wenn Sie diese Phase in Ihrem Leben beobachten, werden Sie feststellen, dass nichts, was Sie tun, die alten gewohnten Gefühle wiederaufleben lassen kann. Dann liegt Ihre Aufgabe darin, genau dies als wissender Mensch ganz bewusst zu erleben. Sie beobachten sich dann gerade selbst beim »Freiwerden von der Welt«.

4 Ihre neue Mitte entsteht

Im Gegenzug zum Verblassen vieler altgewohnter Gefühle bewegen Sie sich in einen neuen Zustand hinein. Die Emotionen zerren nicht mehr an Ihnen herum. Sie kommen immer mehr in Ihre eigentliche Mitte, in Ihr Seelengleichgewicht. Sie müssen immer weniger im Außen tun, um sich »mit Gefühlserlebnissen zu versorgen«. Gleichzeitig tun Sie auch immer weniger, um Ihre aktuellen Gefühle zu

verändern. Gefühle werden zu Gästen in Ihrem Haus. In Ihrer neuen Mitte wird es still, auch wenn die Gäste manchmal tanzen.
Ihre Aufgabe: In dieser Phase haben Sie keine besondere Aufgabe. Das, was geschieht, hat nichts mit Ihrem Willen und Ihrem Handeln zu tun. Es ist Seelenangelegenheit. Sie werden sozusagen wie von selbst neu zentriert.

5 Ihre Beziehungen verändern sich

Beziehungen zu anderen Menschen sind Beziehungen zu anderen Seelen. Wenn gegen Ende der langen Reise vieles ausgeglichen ist und die meisten Verpflichtungen erfüllt sind, entfallen für einige Ihrer alten Kontakte die Gründe der Seele. Deshalb werden sich Ihre Beziehungen deutlich verändern. Möglicherweise erleben Sie, dass es immer weniger werden. Sie erleben auch, dass oberflächliche Beziehungen und Small Talk Sie immer weniger interessieren. Irgendwann wird Ihnen eine Begegnung ohne Inhalt »nur so zum Zeitvertreib« manchmal sogar lästig, als würden Sie Ihre Lebenszeit verschwenden oder sich selbst verleugnen, wenn Sie mit einem alten Bekannten aus Tradition alles einfach so weiterlaufen lassen wie bisher.
Manche Gespräche, Äußerungen und Meinungen, die Sie früher einfach ausblenden oder überhören konnten, werden Ihnen nun vielleicht unerträglich vorkommen. Lieber würden Sie allein sein, als sich in unpassender Gesellschaft zu befinden. Immer öfter würden Sie sich am liebsten einfach umdrehen und gehen, anstatt weiterzudiskutieren oder in einer Rolle zu funktionieren.

Sollten Sie solche Veränderungen an sich feststellen, werden Sie sich vielleicht fühlen, als würden Sie zu einer Art Einsiedler werden oder als wären Sie sozial nicht mehr anpassbar. Doch tatsächlich möchten Sie einfach nur nichts Sinnloses mehr tun.
Bleiben werden Ihnen die Menschen, die auf einem ähnlichen Weg sind wie Sie selbst. Und diese Begegnungen sind dann besonders erfüllend und von großer Tiefe.
Ihre Aufgabe: In dieser Phase liegt Ihre große Aufgabe in der Selbstannahme. Stehen Sie zu Ihrer Veränderung und zu Ihrer neuen Mitte. Üben Sie sich in der Kraft, nicht mehr alles aufrechterhalten und jedem gefallen zu müssen. Wenn Sie Kontakte ersehnen, suchen Sie Menschen auf einem ähnlichen Weg. Vielleicht finden Sie Gleichgesinnte auf Veranstaltungen. Falls Sie an einem solchen Ort sind, bleiben Sie nicht unter Ihrer Glocke. Seien Sie mutig und knüpfen Sie neue Kontakte. Dem anderen geht es genauso wie Ihnen, und er ist vielleicht glücklich über Ihren ersten Impuls.

»Alleinsein ist keine Isolation,
es ist nicht das Gegenteil von Einsamkeit,
es ist ein Seinszustand,
wenn alle Erfahrung, alles Wissen ein Ende haben.«

Jiddu Krishnamurti
Indischer Philosoph, Autor und spiritueller Lehrer
** 12. Mai 1895 † 17. Februar 1986*

5 Die Wahrnehmung Ihrer Sinne verändert sich

Es könnte sein, dass Sie vermehrt »seltsame Sinneswahrnehmungen« erleben. Sie hören und sehen vielleicht Dinge, die eigentlich nicht da sind. Vielleicht – vor allem im Halbschlaf – Geräusche, die anscheinend keine Ursache haben. Oder das Gefühl, dass manchmal durchsichtige Schatten für Sekundenbruchteile Ihr seitliches Gesichtsfeld durchqueren. Oder winzige weiße oder blaue Lichtfünkchen, die kurz wie Pixel in Ihrem Gesichtsfeld aufblitzen. Nachts im dunklen Zimmer haben Sie vielleicht das Gefühl, durch Ihre geschlossenen Augenlider hindurch die Umgebung sehen zu können. Oder Sie sprechen über ein bestimmtes Thema, und ein Schauer rieselt dabei durch Ihren Körper. Vielleicht fühlen Sie sich in Gegenwart eines Menschen scheinbar grundlos extrem unwohl und müssen die Begegnung abbrechen ...

Es gibt eine Vielzahl von scheinbar sehr seltsamen Sinneserlebnissen. Manche davon haben damit zu tun, dass sich Ihre Wahrnehmungsfähigkeit für die Schöpfungsebene der *feinstofflichen* Welt, die in jedem Moment durch unsere materielle Welt hindurchfließt, erweitert.

Zu jedem Sinnesorgan in der materiellen Welt haben Sie auch ein entsprechendes Sinnesorgan in der feinstofflichen Welt. Wenn sich diese Sinne aktivieren, werden Sie immer mehr auch *feinstofflich* sehen, hören, riechen und fühlen können.

Ihre Aufgabe: Richten Sie Ihr Leben, so weit es geht, dergestalt ein, dass Sie auch Zeiten von Ruhe und Stille haben. Verurteilen Sie sich nicht wegen Ihres Bedürfnisses nach Rückzug. Alles ist gerade so perfekt. Vielleicht wenden Sie sich mehr Ihrem neuen Interesse an feinen Sinneswahrnehmungen und spirituellen Themen zu.

7 Ihre Fähigkeiten verändern sich

Nicht nur Ihre Gefühle und Ihre Sinneswahrnehmungen unterliegen einem Wandel, auch Ihre Befähigungen in der materiellen Welt werden sich verändern. Beispielsweise wird Ihre Fähigkeit, sozusagen auf Kommando zu denken und sich etwas zu merken, was Sie sich nicht selbst ausgesucht haben, immer geringer. Die Lust, sich mit fremden Gedanken zu befassen, sinkt. Die Lust am »Analysieren« und Herumdiskutieren um seiner selbst willen nimmt nach und nach ab. Dafür hören Sie immer mehr auf Ihre innere Stimme, wenn's drauf ankommt, auch kompromisslos. Sie arbeiten sozusagen immer enger mit Ihrer Seele zusammen. Ihre Wahrnehmung für Wahrheit und Unwahrheit, für Gerechtigkeit und Lüge wird zunehmend feiner. Vieles wird Sie nicht mehr so sehr berühren, doch eines wird immer intensiver werden: Ihre innere Reaktion auf das, was *»vor Gott«* richtig und falsch ist.

»Und der Juden Ostern war nahe, und Jesus zog hinauf gen Jerusalem.
Und er fand im Tempel sitzen,
die da Ochsen, Schafe und Tauben feil hatten, und die Wechsler.
Und er machte eine Geißel aus Stricken
und trieb sie alle zum Tempel hinaus, samt den Schafen und Ochsen,
und verschüttete den Wechslern das Geld und stieß die Tische um.«

Johannes 2, 13 (Lutherbibel, 1912)

8 Die Ereignisse in Ihrem Umfeld verändern sich

Was Sie in Gang setzen, hat immer unmittelbarer eine Auswirkung. Nicht jedes Mal, aber oft auch positiv. Es ist, als würde Ihr Leben von einer unsichtbaren Kraft gelenkt, doch Sie können die Kraft nicht genau erkennen. Als würden Sie und Ihr Körper wie ein Teilnehmer an einem Bühnenstück durch das Leben bugsiert, ganz gleich, ob Sie es gerade gut finden oder nicht. Es kommt die Phase, in der sehr viel von dem eintritt, was Sie sich immer ersehnt und gewünscht, aber auch einiges, was Sie immer befürchtet haben. Ihr Verstand könnte daraus die Überzeugung ableiten, er selbst und seine Wünsche würden das alles steuern. Oder er selbst in seiner »Unfähigkeit« würde das alles zunichtemachen.

Nach einiger Zeit werden Sie bemerken, dass dies nicht stimmt. Nicht Sie und Ihre Gedanken steuern Ihr Leben, sondern das Leben und der Plan Ihrer Seele läuft ab. Sie sind mit Ihrem Menschenkörper der Teilnehmer am Geschehen.

»Der Weise wirkt,
ohne in den natürlichen Fluss
der Dinge einzugreifen.
Er lehrt ohne Worte.«

Laotse
Chinesischer Philosoph, Begründer des Taoismus
6. Jahrhundert v. Chr.

9 Ihr Bewusstsein erweitert sich immer schneller

Je mehr die schwere materielle Welt Sie loslässt, umso mehr werden Sie von der feinstofflichen Welt erleben. Ihre spirituellen Erfahrungen und Ihre Erkenntnisse über die Zusammenhänge in der Schöpfung folgen stets dichter aufeinander. Vielleicht wechseln Sie Ihre spirituellen Lehrer immer häufiger. Oder Sie folgen einem von ihnen immer intensiver. Es kann auch sein, dass ein Lehrer oder ein Beziehungspartner Sie nur einen einzigen Schritt erleben lassen sollte. Es ist, als würden Sie noch fehlende Einzelerfahrungen wie Puzzleteile einsammeln. Nichts an alledem ist schlecht, und es gibt kein »Höher« oder »Weiter«. Es gibt nur Aufgaben und Plätze in der Schöpfung. Und Ihren ganz persönlichen Weg.

10 Das letzte Aufräumen

Wenn Sie von den letzten Zwängen und Pflichten im materiellen Leben frei werden, beginnt sich Ihre Seele immer schneller auf die Rückreise zu machen. Sie wird dabei exakt denselben Weg entlangreisen, den sie bis hierhergekommen ist, nur eben rückwärts. Die Seele ist der Speicher aller Erfahrungen. Und als Leitfaden für den Rückweg nutzt sie sozusagen die »Spur aus Erinnerungen und Erlebnissen« aller Leben.

Auf diesem Weg zurück zur Quelle wird Ihre Seele in – für Ihren Verstand – rasender Geschwindigkeit die Linie aller gelebten Inkarnationen zurückreisen. Es ist in etwa so, als würden Sie einen Film beobachten, der mit zehntausendfacher Geschwindigkeit zurückgespult wird. Es ist Ihrem Gehirn nicht möglich, dabei konkrete »Geschichten« zu erleben. Das allermeiste davon werden Sie nicht einmal mitbekommen.

Es kann jedoch sein, dass Sie in dieser Phase gelegentlich »Erlebnisblitze« haben, deren Herkunft Sie sich nicht erklären können. Manche dieser Blitze können Bilder, Gesichter, Ereignisszenen oder Gegenstände aus früheren Zeiten sein, wie kurze innere Videoclips, deren Herkunft Ihnen völlig fremd erscheint. Wenn es Bilder sind, können sie eher einfarbig, manchmal grünlich sein. Fremdartige Gegenstände drehen sich langsam im Raum vor Ihnen. Oft sind sie von überwältigender Schärfe und Dreidimensionalität, so wie Hologramme. Durch diese Eigenschaften unterscheiden sie sich deutlich von normalen Träumen oder Fantasiereisen des Gehirns. Zudem sind diese Erlebnisse immer nur ganz kurze Ausschnitte und keine längeren Geschichten. Sie sind scheinbar sinnlos und können nicht selbst herbeigeführt werden. Diese Erfahrungen überfallen Sie sozusagen genau dann, wenn sie auf Seelenebene gerade stattfinden. Sie selbst kommen darin nicht als »Ich« vor. Vor Ihnen blitzt dann einfach nur das Hologramm oder die Filmszene auf, ohne dass Sie dazu eine persönliche Beziehung fühlen.

Auf diese Weise durchlebt Ihre Seele bedeutende Ereignisse auf dem Seelenweg zu Ende, die noch nicht vollständig gelöst worden sind. Auf dem Rückweg zur Quelle durchfühlt sie den fehlenden Rest, um damit vollständig abzuschließen. Es ist etwa so, wie wenn Sie noch ein letztes Mal an einen für Sie bedeutsamen Ort gehen, um Abschied zu nehmen.

»Wenn wir zuerst uns selbst erkennen
und dann die von Gott erschaffene Welt betrachten,
wird uns die Wahrheit offenbar.
Der Versuch, Gott und die Welt zu erkennen,
ohne sich zuvor selbst zu erkennen,
wäre wahrhaftig Unwissenheit.«

Jiddu Krishnamurti
Indischer Philosoph, Autor und spiritueller Lehrer
** 12. Mai 1895 † 17. Februar 1986*

11 Ihr Ichgefühl verändert sich

Das, was Sie als »Menschsein« in der *materiellen Welt* empfinden, hat mit Ihrem Körper, Ihren Gedanken und Ihren Gefühlen zu tun. Und mit Ihren Beziehungen. Über diese Anhaltspunkte erzeugt Ihr Verstand ein Gefühl dafür, wer oder was Sie sind.

Je mehr Aufgaben gelöst sind, umso weniger der alten Anhaltspunkte findet Ihr Verstand. Es kann deshalb sein, dass in Ihnen immer wieder eine »Auflösungsangst« aufkommt. Es ist ein wenig wie die Angst davor, sterben zu können, obwohl in Ihrem Umfeld keine Gefahr darauf hindeutet, dass dies geschehen könnte. Tatsächlich bemerkt Ihr Verstand dann gerade, dass sich das, was er als »Ich« kennt, auflöst: »Ich und meine Gefühle. Ich und meine wichtigen Aufgaben. Ich und meine Freunde. Ich und meine Gegner. Ich und meine Wünsche. Ich und meine Erlebnisse. Ich und der Kampf in

der Welt ...« Wenn das abhandenkommt, greift der Verstand bei dem Gedanken von »Ich und meine ...« immer häufiger ins Leere.
Ihr neues Ichgefühl wird völlig anders werden. Sie sind Seele. Die Seele denkt nicht über sich selbst nach. Deshalb werden auch Sie immer weniger über sich selbst nachdenken. Dafür werden Sie immer mehr einfach das tun, was im Augenblick als Impuls in Ihnen entsteht. Ganz gleich, was andere davon halten mögen und ob es logisch und sinnvoll ist oder nicht.

Was bin ich? – Die Phasen des Ichgefühls laufen bei dem Weg in die Freiheit in etwa so ab:

- »Ich bin nicht die anderen. Ich bin ich. Und ich tue, was mir guttut.«
- »Ich bin nicht meine Gedanken und nicht meine Gefühle. Die beobachte ich nur. Aber was bin ich dann?«
- »Ich bin Seele. Ich tue immer mehr nur das, was meine Seele möchte.«
- »Ich bin Seele, und die Seele ist ein Teil von Gott. Gott ist in mir. Ich tue, was Gott will. Sein Wille geschehe.«
- »Ich bin Seele, und in mir ist die Schöpfung. Ich bin alles. Ich tue, was durch mich hindurch geschehen soll.«
- »Ich bin alles, und gleichzeitig gibt es mich gar nicht. Ich bin nicht wirklich real.«

Danach kommt ... nichts. Jetzt werden Sie nicht mehr darüber nachdenken, wer oder was Sie sind. Das Problem ist nicht mehr da, weil »etwas« erkannt hat, dass nichts von dem, was Sie vorher gedacht haben, »die ganze Wahrheit« ist. Sie *sind* einfach nur noch. Dann haben Sie die *fünfte Schöpfungsebene* erfahren: *das Sein.*

»Man kann Gott nicht sehen, solange man denkt:
Ich bin der Handelnde.«

Sri Ramakrishna
Indischer Mystiker, spiritueller Lehrer und Yogi-Meister
** 18. Februar 1836 † 16. August 1886*

12 Das große Vergessen

Es ist eine gute Idee, sich immer wieder aufzuschreiben, was Sie auf Ihrem spirituellen Weg erleben, denn nach jedem größeren Schritt werden Sie vieles davon einfach vergessen. Vergessen wird vor allem das, zu dem keine Gefühlsverbindungen mehr bestehen, denn dann ist es – aus Sicht der Seele – aufgelöst und überflüssig. Erst wenn jemand anders Ihnen wieder davon erzählt, weil er selbst es gerade erlebt, werden Sie sich erinnern. Und dann können Sie dem anderen mit Ihren Erfahrungen vielleicht ein wertvoller Wegweiser sein.

Am Ende eines Menschenlebens - Wenn die Seele den Körper verlässt

Irgendwann endet zwar das Leben eines Menschen, nicht aber das Leben seiner Seele. Nur der Körper beendet sein Dasein. Wenn er stirbt, gibt es für die Seele die folgenden zwei großen Phasen der Veränderung.

Phase 1: Der Beobachter verlässt den Körper

Im Schöpfungsgeheimnis über »Das Auge Gottes« haben Sie erfahren, dass es eine Schöpfungsebene gibt, auf der nur das Beobachten stattfindet. Gott beobachtet ohne Bewertung seine Schöpfung, als würde er in eine Kiste mit dem gesamten Universum darin blicken. Vielleicht erinnern Sie sich auch, wie Ihre Seele gleich nach ihrer Entstehung als Tropfen ebenfalls einen solchen Beobachter mitbekam? Mit diesem ganz »persönlichen Beobachter« kann Gott die Schöpfung durch Sie hindurch auf eine ganz spezielle Sichtweise erfahren.

Der persönliche Beobachter, dieses Auge Gottes, begleitet Sie seit Ihrer frühesten Kindheit. Es ist bis heute der Teil von Ihnen, der dafür sorgt, dass Sie nicht einfach nur im biologischen Sinne »vor sich hin leben«, sondern dass Ihnen die Phänomene des Lebens überhaupt auffallen können. Es ist das, was man auch »das Bewusstsein« nennt.

Kurz nach dem Erlöschen der biologischen Lebenszeichen verlässt der Beobachter, also das Bewusstsein, den Körper. Dies ist der Moment, von dem viele Menschen mit Nahtoderlebnissen berichten. Für einen Yogi ist es nichts Besonderes, seinen Körper zu verlassen. Bewusstseinsreisen übt er sein Leben lang, um die Schöpfung zu erforschen. Für einen Menschen, der immer ein »normales Leben« geführt hat, ist diese Erfahrung hingegen absolut neu und vollkommen verwirrend.

Das Bewusstsein verlässt also den Körper und entfernt sich etwas von ihm. Manchmal nach oben, manchmal zur Seite. Von dieser Perspektive aus erlebt der Beobachter die Szene, in der vielleicht Ärzte gerade um das Leben in seinem Körper kämpfen. Sie haben sicher schon von solchen Berichten über Nahtoderlebnisse gehört. Typisch dabei ist, dass dieser beobachtende Teil – der ja nie bewertet – über der Szene schwebt und dabei weder Schönes noch Schlechtes empfindet. Es ist eher wie ein »fragendes Betrachten«.

Phase 2: Die Seele verlässt den Körper

Wenn die Bemühungen der Helfer erfolglos bleiben und der biologische Tod eintritt, entfernt sich schließlich auch die Seele aus dem Körper.

Erinnern Sie sich daran, dass das Eintauchen in einen Körper, also die »Inkarnation«, für die Seele ein überaus intensives Erlebnis ist. Nirgends im Universum ist es für eine Seele dichter und schwerer als in der materiellen Welt. Wenn sie den Körper verlassen darf, wird sie von der Schwere befreit. Sie wechselt nun in den Gegenpol, also in den Seelenzustand der Freude (Leichtigkeit und Auflösung nach außen hin).

Der mit der Seele verbundene Beobachter erlebt diesen Vorgang sozusagen »live« mit. Er wird die vollkommene Befreiung der Seele vom schweren, dichten Körper erfahren. Dabei entstehen Assoziationen wie »helles Licht«, »Weite« und »unbeschreibliches Glück«. Der Übergang in die *feinstofflichen Lichtwelten* findet statt. Oft wird dieses Eintreten in die zweite Schöpfungsebene so empfunden, als würde man in einen Lichttunnel hineinreisen und vor Glück oder Liebe fast explodieren. Oder als schwebe man »in den Himmel hinauf«. Auch wird von verstorbenen Freunden und Verwandten berichtet, die dort warten. Das sind die geliebten Mitglieder der Seelenfamilie, die ja nicht alle mit den Angehörigen aus der biologischen Familie identisch sein müssen. Dieses Zusammentreffen mit den Seelenverwandten erzeugt im Sterbenden ein Gefühl der Geborgenheit, wie es zu Lebzeiten nicht möglich war. Es ist eine wirklich große Gotterfahrung.

Kontakte zu Verstorbenen

Gedanken sind auch eine Form von Energie, so wie alles im Universum. Das ist der Grund, warum die Wolke aus Gedanken eines einzelnen Menschen auch nach dem Tod noch eine Zeitlang weiterexistieren kann. Das Bewusstsein des Menschen ist vom Tod oft so überrascht, dass es den Vorgang nicht versteht. Verwirrt wartet es in der Nähe des verstorbenen Körpers einfach ab. Zu handeln ist ihm nicht möglich, weil es dazu einen Körper braucht, doch der ist völlig leblos. Verschwinden geht auch nicht, weil es dazu wissen muss, dass das Leben im Diesseits wirklich zu Ende ist. Es findet nun ein Erkenntnisprozess statt, an dessen Ende dem Bewusstsein unwiderruflich klar ist: »Ich bin tot.« Dieser Prozess kann bis zu drei Tage dauern.
In vielen Kulturen weiß man um diese Zusammenhänge. Man möch-

te die Seele des Verstorbenen keinem zusätzlichen Schock aussetzen und bahrt den Körper deshalb drei Tage lang in einer vertrauten Umgebung auf. Familienmitglieder und Freunde halten dann die sogenannte Totenwache. So kann die Seele in Ruhe Abschied vom Körper nehmen, und die Hinterbliebenen können den Verstorbenen verabschieden.

Irgendwann ist der Erkenntnisprozess des Bewusstseins über den eigenen biologischen Tod abgeschlossen. Die unwiderlegbare Einsicht »Ich bin tot, es gibt mich gar nicht mehr« sorgt dafür, dass sich das verbliebene Ichgefühl des Menschen auflöst. Bestimmte Erinnerungen und Gedankenfragmente bleiben noch eine Weile erhalten, etwa so wie eine Wolke aus Farbe, die in einem Fluss treibt. Solange die Farbe noch halbwegs zusammenhält, kann man sie erkennen. Diese Zeit wird bei Kontaktversuchen zu Verstorbenen genutzt. Irgendwann löst sich auch die letzte Wolke von Gedanken im unendlichen Strom auf.

Was bleibt, ist die unsterbliche Seele, die sich bereits auf ein neues Leben als Mensch vorbereitet.

Ein Rat für die Hinterbliebenen: Loslassen ist einer der größten und gleichzeitig schwersten Lehren in unserem Leben. Nehmen Sie Abschied, und so schwer es auch fallen mag, versuchen Sie bitte nicht, den Verstorbenen innerlich festzuhalten. Tatsächlich machen Sie ihm (oder ihr) den Weg damit sehr viel schwerer, denn Sie erzeugen zusätzliche Bindungskräfte für seine und für Ihre eigene Seele. Nehmen Sie sich wirklich Zeit, um Ihre Trauer zu Ende zu fühlen. Das ist eines der wichtigsten Ereignisse in Ihrem Leben. Und dann verabschieden Sie sich. Geben Sie sich selbst und den anderen frei. Gehen Sie zurück in Ihr eigenes Leben, und machen Sie weiter, auch wenn es vielleicht noch schwerfällt. Dafür sind Sie hier. Nicht zum Aufgeben, nicht zur Selbstbestrafung, nicht zum Nachtrauern, sondern zum Weitergehen.

Wie Ihre Seele die vielen Menschenleben erlebt – Eine Zeitreise ohne Zeit

Nun haben Sie eine Übersicht über den Weg der Seele durch die Schöpfung. Vielleicht ist Ihnen das eine oder andere dabei auf Anhieb noch nicht ganz klar geworden. Ein Problem bereitet uns hier unser Verstand, denn er denkt in der Dimension der Zeit.

Jeden Tag und jede Minute bekommt er in der materiellen Welt den Beweis, dass Zeit »unwiederbringlich« vergeht. Was vorbei ist, ist vorbei. Zeit kann nicht rückwärtsgedreht werden. So erfahren wir es. Wie also soll man »in frühere Leben« reisen können? Sie sind doch vorbei? Und wie soll ein früheres Leben auf das Hier und Jetzt einen Einfluss haben? Um das zu verstehen, hilft Ihnen vielleicht das folgende einfache Bild.

Stellen Sie sich vor, Sie gehen in einen dieser modernen Kinopaläste mit, sagen wir, fünfzehn Kinosälen. In jedem Saal läuft ein anderer Film. Wenn ein Film zu Ende ist, beginnt er von vorn. Angenommen, Sie entscheiden sich für einen Liebesfilm. Sie gehen in den Vorführsaal und freuen sich, denn der Film ist gut, und bald sind Sie voll und ganz hineinversunken.

An einer Stelle, in der es gerade sehr gefühlvoll zugeht, hören Sie aus dem Nachbarsaal Schüsse. Offenbar läuft dort ein Film, in dem Menschenleben bedroht werden. Die Geräusche reißen Sie aus dem schönen Gefühl des Liebesfilms. Sie empfangen sozusagen eine Störung aus einer anderen Filmgeschichte, die gleichzeitig abläuft.

Zur selben Zeit, wenn Sie gerade in diesem einen Film sitzen, den Sie als »mein Leben« erfahren, erlebt Ihre Seele gerade alle Filme in allen Sälen gleichzeitig – als schwebte sie über dem Kino und hätte in jedem Saal einen Körper sitzen, mit dem sie verbunden ist. Und über Ihre eigene Verbindung zu Ihrer Seele sind Sie selbst ebenfalls mit den anderen Filmen verbunden.

Wenn nun ein Ereignis in einem der anderen Filme besonders »laut« ist, wenn also etwas Dramatisches geschieht, können Sie es womöglich auch in Ihrem Saal hören, ohne zu wissen, worum genau es geht.

Im wirklichen Leben vernehmen Sie derart Dramatisches in Form von Gefühlen: Etwas, was Ihre Seele in einem anderen Film gerade stark erschüttert, wird für Sie in Ihrem Liebesfilm nicht ganz ohne Wirkung bleiben. Sie spüren dann das »Echo eines parallelen Lebens«, und es kann sein, dass ein solches Echo in Ihnen deutliche Regungen auslöst. Sie könnten dann zum Beispiel eine bestimmte immer wieder auftauchende Angst verspüren, für die Sie in diesem Leben keinen plausiblen Grund finden.

Wenn jemand also wiederholt von Ängsten geplagt wird und auch nach intensiver Suche bis hinein in die Kindheit keine Ursache dafür erkennbar ist, kann die Angst »karmisch begründet« sein. Es ist dann ein dramatisches Erlebnis aus einem anderen Leben, welches in dieses Leben hereinwirkt.

Aus dieser Erkenntnis heraus entstand die Methode der »Rückführung«, in der man versucht, das betreffende Leben zu besuchen und das Problem dort zu lösen. Eine Rückführung kann zu spannenden Erfahrungen führen, aber für eine wirkliche Heilung ist dieser Weg nicht sonderlich effizient. Eine Seele erlebt überaus viele Leben, und jedes davon hat viele bedeutsame Einzelereignisse. Diese Ereignisse sind zudem noch miteinander wie ein vieldimensionales Netz verknüpft. Es ist unmöglich, ein Problem in diesem Leben zu lösen, indem man an einem der unzähligen Knoten des großen Netzes rüttelt. Sie würden nie damit fertig werden.

Die Lösung lautet: Jedes Gefühl wird im Hier und Jetzt geheilt. Direkt an dem Punkt, an dem es sich zeigt. Der Heilungsweg dabei ist Ihre Bewusstheit und Ihre vollkommene Annahme des Gefühls. Hier und jetzt ist es da, und hier und jetzt will es gesehen werden. Manchmal nur ein einziges Mal wirklich. Dann kann es ausklingen.

»Auf der materiellen Ebene braucht man natürlich Zeit,
um von hier nach dort zu gelangen,
aber auf der psychischen Ebene existiert keine Zeit.
Das ist eine ungeheuerliche Wahrheit,
eine ungeheuer wichtige Tatsache,
und wenn man sie entdeckt hat,
hat man sich von allen Traditionen frei gemacht.«

Jiddu Krishnamurti
Indischer Philosoph, Autor und spiritueller Lehrer
** 12. Mai 1895 † 17. Februar 1986*

Fragen und Antworten zur Schöpfung

Wir haben zusammen eine große Reise gemacht. Und sie ist nicht zu Ende. Manche Orte muss man viele Male aufsuchen, ehe man sie wirklich kennt.

Und selbst wenn man sich »alles« angesehen hat, bedeutet es noch nicht, dass sich dessen Sinn auch vollkommen erschlossen hat. Manche Fragen sind vielleicht beantwortet, und aus manchen Antworten entstehen wieder weitere Fragen. Auf einige davon erkennt man die Antwort nur, wenn sie das Leben selbst als Erlebnis bringt. Bei anderen Themen muss einem die Antwort vielleicht in der richtigen Sprache begegnen. Für wieder andere ist die Zeit noch nicht gekommen, um sie vollkommen zu verstehen. Und manchmal zeigt sich eine Antwort erst dann, wenn man die richtige Frage stellt.

Im Folgenden finden Sie einige Fragen, die vielen Menschen auf dem Herzen liegen. Mit Ihrem Wissen über den Aufbau der Schöpfung lesen Sie nun vielleicht die eine oder andere Antwort auf neue und für Sie hilfreiche Weise.

Ist die Welt gut oder schlecht? Ist Gott gerecht oder ungerecht? Brauchen wir den Weltfrieden oder nicht? Wird »Gutsein« belohnt und »Bösesein« bestraft? Sollen wir die Welt verändern oder es sein lassen? Muss man sich engagieren oder nicht? Mache ich es richtig oder falsch? Hat mein Leben überhaupt einen Sinn oder ist letztlich alles vorbestimmt und sinnlos? ...

Welche Frage zur Schöpfung Sie auch immer stellen: Es kommt darauf an, von welcher Schöpfungsebene aus Sie das tun.

Fragen Sie als Sandkorn ein anderes Sandkorn am Strand? Fragen

Sie den Wind, der Sie gerade durch Ihr Leben als Sandkorn weht? Oder fragen Sie das Unendliche Bewusstsein selbst?

FRAGE: Wo ist mein Verwandter oder Partner nach dem körperlichen Tod?

ANTWORT: Nach dem körperlichen Tod eines Menschen macht sich die Seele weiter auf die Reise in ein neues Menschenleben. Die Seele ist unsterblich. Die Persönlichkeit, also das Ichgefühl, und die einzelnen Gedanken des Menschen hingegen lösen sich auf.

Was passiert nach dem Tod mit den Seelen zweier Seelenpartner, die sich in diesem Leben gefunden und ihre Liebe gelebt haben? Bleiben diese Seelen zusammen? Seelenpartner sind doch eine Einheit.

Ein Seelenpartner ist *nicht* der zweite, fehlende Teil des Tropfens. Das wäre die Dualseele, doch dieser begegnet man so gut wie nie, und wenn, dann wäre eine Partnerschaft nicht möglich.

Seelenpartner hingegen sind zwei Seelen, die nicht miteinander verwandt sind, aber sich, über alle Leben gesehen, immer wieder begegnen, um miteinander in einer Liebesbeziehung und Partnerschaft zu leben. Daher verspürt man das große Gefühl von Vertrautheit von der ersten Begegnung an. Nach dem körperlichen Tod bleiben die Seelen nicht »zusammen«, sondern jede einzelne Seele entscheidet neu, wo und wann sie inkarniert.

Manchmal geben sich Menschen ihre Liebesversprechen (Bindungskräfte) über mehrere Leben (»bis in alle Ewigkeit«). Dann hält das Versprechen die Seelen aneinander gebunden. Sie müssen immer wieder inkarnieren, um das Versprechen einzulösen, und sie können nicht frei werden. Sie hängen sozusagen in einer Art Wiederholungsschleife fest, bis sie den gegenseitigen Schwur lösen können. Deshalb überlegen viele Menschen inzwischen gut, ob sie einem Partner, in den sie gerade verliebt sind, »ewige Treue« schwören. Solche Verpflichtungen können zur großen Last werden.

Kann ich mir meinen Seelenpartner »wünschen«? Und kommt dann auch einer?

Wenn Sie sich etwas wünschen, richten Sie sich selbst auf etwas aus. Sie schaffen innere Klarheit und wissen, was Sie wollen und was nicht. Das sorgt dafür, dass Sie klarer von anderen erkannt werden. Damit wird der zu Ihnen passende Partner viel deutlicher angezogen, als wenn Sie nicht wissen, was Sie wollen.

Aus Sicht Ihres Seelenweges betrachtet, werden im Laufe aller Leben absolut alle Ihre Wünsche eintreffen. Denn solange Sie noch Wünsche in der materiellen Welt offen haben, kann Ihre Seele nicht zurück zur Quelle gehen. Offene Wünsche sind – aus Sicht der Seele – Bindungskräfte in die Welt.

Ein Wunsch wird sich in genau dem Moment erfüllen, wenn das, was das Eintreten verhinderte, beseitigt ist. Vielleicht muss erst die Trauer um einen verlorenen Partner abgeschlossen sein, damit der neue kommen kann. Vielleicht muss erst eine tiefe Erkenntnis über sich selbst gewonnen werden, ehe das Leben auf eine neue Art weitergehen kann.

Auf jeden Fall ist es eine sehr wirksame und klärende Kraft, wenn Sie Ihre Wünsche deutlich formuliert aufschreiben und am besten noch in eine Ordnung bringen: Was ist mir am wichtigsten, am zweitwichtigsten, am wenigsten wichtig ... etc.

Warum sind Trennungen für Frauen oft so viel schmerzlicher als für Männer?

Sind sie nicht. Männer erleben exakt dieselben Gefühle wie Frauen. Nur der Umgang damit ist anders. Männer sind eher »Problemlöser«, und oft sehen sie einen unangenehmen Gefühlszustand als einen Fehler an sich selbst, der irgendwie »repariert werden« muss. Als »repariert« wird ein Gefühl oft betrachtet, wenn man es nicht mehr so deutlich empfindet. Tendenziell verarbeiten Männer Gefühle häufiger nicht zu Ende, und gehen stattdessen schneller zum Handeln über. Aus Seelensicht gesehen ist es allerdings erheblich besser, ein emotionales Thema innerlich vollständig zu verarbeiten, als sich abzulenken.

Warten meine bereits verstorbenen Lieben auf der anderen Seite auf mich?

Die »andere Seite« ist die *feinstoffliche Welt*, also die *zweite Schöpfungsebene*. Dort verweilen unter anderem auch die Seelen, wenn sie nicht gerade in menschliche Körper inkarniert sind. Diejenigen Seelen, die zu Ihrer persönlichen Seelenfamilie gehören, werden Ihnen nach Ihrem Tod als Erste begegnen, sofern sie nicht gerade selbst inkarniert sind.

Kann man zu Verstorbenen Kontakt aufnehmen?

Grundsätzlich bleibt von einem Menschen nach dem Tod nur die Seele. Die denkende Persönlichkeit löst sich auf. Nur sehr weit entwickelte große Meister, die meist schon zu Lebzeiten bekannte spirituelle Persönlichkeiten oder vielleicht »Heilige« waren, können einen Teil ihres Bewusstseins behalten. Manche können sogar voraussagen, wann und wo sie wiedergeboren werden.

Wenn der Körper des Menschen stirbt, stirbt auch das Gehirn, und das herkömmliche Denken findet nicht mehr statt. Insofern existiert »Onkel Frank«, so wie man ihn kannte, nach seinem Tod nicht mehr. Aber die Seele von Onkel Frank lebt weiter.

Relativ kurz nach dem Tod kann man noch gewisse Formen des Kontakts herstellen, die sich danach richten, in welcher Phase sich die Seele gerade befindet:

Phase 1: Das Bewusstsein verweilt noch einige Tage in der Nähe des verstorbenen Körpers. In dieser Phase kann man mit dem Bewusstsein der ehemaligen Person kommunizieren, zum Teil noch ganzheitlich und in einigermaßen logischen Abläufen.

Phase 2: Das Bewusstsein löst sich auf. Nur einzelne Gedankenfragmente bleiben übrig, so wie »Unterprogramme«. Zusammenhängende und längere Kommunikation ist nicht mehr möglich, denn das »Ich« existiert nicht mehr.

Kann ich Gott/meinen Seelenanteil anders als durch Glauben erfahren? Sodass mein Ich seine Existenz als gegeben ansehen kann?

Ja, das ist der Weg der Yogis. Yogis glauben nichts so einfach. Stattdessen erforschen sie es. Sie haben herausgefunden: Solange man Gott vor allem durch »Nachdenken« erfahren will, wird man automatisch an den Punkt kommen, an dem man entweder »glauben muss« oder eben nicht mehr weiterkommt.

Die großen Yogis haben die Wege erforscht, wie man die Ebenen der Schöpfung selbst erfahren kann. So weit wie mit Worten möglich wurde es in den heiligen Schriften weitergegeben. Doch weil eine praktische Erfahrung nicht innerhalb des Denkens und der Worte liegt, kann dieses Erfahrungswissen auch nur im direkten Kontakt unter Anleitung vermittelt werden.

Es ist ein wenig wie mit einer Sportart oder mit einem Handwerk: Allein aus einem Buch können Sie diese nicht vollkommen lernen. Jemand muss Ihnen zeigen, wie es geht, und Sie müssen es selbst praktisch ausüben.

Warum lässt Gott so viel Leid auf der Erde zu?

Gott lässt das Leid nicht zu, weil Gott weder urteilt noch eingreift. Das Meer gibt keine Bewertung über das Schiff ab, das auf ihm segelt. Das Meer ist einfach nur das Meer. Der Wind urteilt ebenfalls nicht über das Schiff. Er ist nur der Wind. Und selbst das Schiff urteilt nicht über das Meer oder den Wind. Einzig die Besatzung des Schiffs empfindet Freude und Leid und urteilt über Meer und Wind. Sie kennen nun die Schöpfungsebenen. Empfindet die höchste Schöpfungsebene, das Meer des *Unendlichen Bewusstseins*, Freude oder Leid? Weder – noch. Das Meer ist einfach nur da, und in ihm ist alles enthalten. Empfindet die Schöpfungsebene des *Beobachters* Freude oder Leid? Nein, das Auge Gottes sieht einfach nur in die

»Kiste«, in der sich das Universum befindet, und beobachtet, was geschieht. Das Auge Gottes bewertet nicht.
Freude und Leid, Liebe und Einsamkeit ...: Diese Gefühle zu empfinden ist ein Privileg der Seele und des Menschseins. Und was immer wir Menschen miteinander aus diesem Privileg machen, werden wir auch erleben.

Wie ist angesichts der Polarität ein friedvolles und für alle Menschen – inklusive der Pflanzen- und Tierwelt – humanes Erdenleben organisierbar?
Gar nicht. In der Polarität existiert kein »Frieden für alle«. Vollkommener Frieden wäre der Null-Zustand. Wenn das, was die meisten Menschen als »vollkommenen Frieden« ersehnen, wirklich einträte, würden alle Handlungen und Gegenreaktionen zum Stillstand kommen. Dann gäbe es unter den Menschen kein Licht und keinen Schatten, kein Gut und kein Böse, kein Reich und kein Arm, keine Neider und keine Wohltäter. In diesem Moment würde die Schöpfung aufhören, sich zu bewegen.
Dennoch ist es Teil des Menschseins, dass wir immer wieder unsere eigenen inneren Ungleichgewichte und die an anderen ausgleichen wollen, denn nur so wird die Seele frei. Ihr persönliches Streben nach Harmonie und das Handeln unter dieser großen Sehnsucht nach Frieden ist also perfekt für den Weg Ihrer Seele.

Es scheint, dass wir, vor allem auch ein Großteil der hochrangigen Führungspersonen in unseren Gesellschaften, den Umgang mit dem Polaritätsgesetz in letzter Konsequenz nicht verstehen. Gibt es eine einfache Möglichkeit, dies allen Menschen nahezubringen, sodass diese das auch aufnehmen können?
Nein, denn verstünde ein Mensch die Polarität und alle Auswirkungen bis ins letzte Detail, träte er nicht mehr als Führungsperson auf. Er würde nur noch »lehren«. Er wüsste, dass jede Art von Machtausübung ein Eingriff in die Seelenpläne anderer wäre. Ein Eingriff, der Karma erzeugt. Weil ein solch Wissender von Karma frei wäre, würde er sich selbst kein neues erzeugen, indem er andere »anführt«.

Warum müssen die Regelkreise in der Natur unter anderem durch Fressen und Gefressenwerden funktionieren? Geht das nicht auch sanfter?
Es geht genau so sanft, bis man durch noch weitere Sanftheit sterben würde. Die materielle Welt der ersten Schöpfungsebene besteht aus dem »Habenmüssen«. Das ist überlebensnotwendig. Ein höheres Lebewesen, das absolut nichts »haben will«, würde sofort sterben. Das Gesetz von Fressen und Gefressenwerden ist ein Schöpfungsmotor, es ist der Antrieb der Evolution. Wenn man etwas haben will, muss man es irgendwoher bekommen. Dafür braucht man Intelligenz. Die Schöpfung hat alle höheren Lebensformen so konstruiert, dass sie nur durch das Aufessen anderer Lebewesen existieren können. Dabei entwickeln sich sowohl die Opfer als auch die Täter in dieser Nahrungskette immer weiter. Sie müssen wachsen und sich zudem noch gegenüber ihren Artgenossen durchsetzen. Einzig der

Mensch hat die Möglichkeit, darüber nachzudenken, in welchem Maß er diesem Naturgesetz folgen möchte. Nur wir haben das besondere Privileg, gerade dann besonders wachsen zu können, wenn wir unsere Artgenossen nicht verdrängen.

Nützt Beten überhaupt etwas?

Beten bewirkt sehr viel, in Ihnen selbst und für Ihr Leben. Beten ist Ihre Hingabe an das Große. Es ist ein reiner Moment ohne Überheblichkeit, sofern man es hingabevoll und dankbar tut. Wenn Sie beten, verlassen Sie die Begrenzungen des Menschseins. Wenn Sie beten, setzen Sie Kräfte für Ihr Leben in Gang, und Sie kommunizieren mindestens mit Ihrer eigenen Seele. Es mag sein, dass Sie gerade keine Antworten vernehmen, weil der Kopf so viel denkt und so viele Gefühle ablaufen. Doch Sie können sicher sein: Die andere Seite hört Sie immer.

Kommen die »Guten« in den Himmel und werden die »Schlechten« bestraft?

Gott bestraft nicht, und Gott belohnt nicht. Das ist eine Geschichte, die man Kindern erzählt. Man macht Gott zu etwas Ähnlichem wie einem Elternteil, der seine Kinder beurteilt. So zu denken ist Teil der Polarität in der Schöpfungsebene der *materiellen Welt.* Im Meer des Unendlichen Bewusstseins gibt es keine Belohnung oder Bestrafung. Aber jede Handlung eines Menschen erzeugt eine Gegenbewegung oder eine Schuld gegenüber anderen Seelen, die irgendwann ausgeglichen werden muss: Karma. Gut und schlecht zu sein wird sich also

über alle Leben gesehen immer ausgleichen. So wie jede Bewegung immer eine Gegenbewegung auslöst.
Jede Rolle, die ein Mensch in einem Leben intensiv gespielt hat, wird dazu führen, dass er selbst die Gegenrolle erleben wird. War er bei einem Thema der Täter, so wird er dieselbe Situation später auch als Opfer durchleben. Manchmal noch in diesem Leben, manchmal im nächsten.

»Und derjenige, der die Engel und Teufel nicht gesehen hat
in den Wundern und Widerwärtigkeiten des Lebens,
dessen Herz bleibt ohne Erkenntnis
und dessen Seele ohne Verständnis.«

Khalil Gibran
Libanesisch-amerikanischer Dichter, Philosoph und Maler
** 6. Januar 1883 † 10. April 1931*

Gibt es Himmel und Hölle wirklich?
In unserer *materiellen Welt* gibt es Menschen mit niedrigem (»Denn sie wissen nicht, was sie tun ...«) und solche mit hohem Bewusstseinsstand.
Mit den Bewusstseinsformen der *feinstofflichen Welt* verhält es sich sehr ähnlich, nur mit einem wesentlichen Unterschied: In unserer materiellen Welt haben wir zusätzlich zur Seele auch einen Körper.

Ein Mensch mit hohem Bewusstsein kann sich deshalb zu Menschen mit niedrigem Bewusstsein einfach dazusetzen. »Gute« können ganz einfach unter »Schlechten« leben, und »Schlechte« können ihre Körper beliebig unter die »Guten« mischen. Ihre persönliche Hölle oder Ihr Himmel kann Ihnen auch direkt gegenüber sitzen, arbeiten oder wohnen.

Anders verhält es sich auf der Schöpfungsebene der *feinstofflichen Welt.* Weil es hier keinen materiellen Körper gibt, bestimmt allein die Schwingung die Ordnung auf dieser Ebene. Die Wesen dort sind sozusagen nach Schwingungsniveau »sortiert«. Extrem niedrigschwingende Formen können sich nicht in einer hochschwingenden Umgebung aufhalten. Besonders hochschwingende Bewusstseinsformen können nicht lange in niedrigschwingende Umgebungen aufhalten.

Einfach ausgedrückt, geht es auf den niedrigschwingenden Ebenen nicht gerade lustig zu (so wie auch in dieser Welt). Das ist der Ort, den man mit menschlichen Worten als »Hölle« bezeichnet hat.

Auf der hochschwingenden Ebene in der feinstofflichen Welt sammeln sich hingegen nur hochschwingende Wesen, wie zum Beispiel Engel. Wenn man als Mensch damit in Kontakt kommt, ist es »wie im Himmel«.

Einen »gefühlten Himmel« und eine »gefühlte Hölle« gibt es also auf eine gewisse Art. Falsch ist jedoch, dass »Sünder« im Sinne irgendeiner Kirche in die Hölle kommen. Ob man die Gesetze einer Organisation befolgt, ist nicht entscheidend für den wahren Bewusstseinszustand. Es gibt Menschen, die wie Engel auf Erden wirken und noch nie eine Kirche von innen gesehen, nie eine Predigt gehört und nie ein Buch gelesen haben.

Gibt es »schlechtes Karma«?

Ihre Seele ist der Speicher aller Erfahrungen. Angenommen, jemand hat in seinem Leben anderen viel Leid und Schaden zugefügt. Wenn er stirbt, hat er viel Ungleichgewicht gegenüber anderen Seelen aufgebaut. Eine Seele mit Ungleichgewichten kann nicht zurück zur Quelle gehen, weil sie die feinstoffliche Ebene nicht verlassen kann. Sie ist nicht neutral und kann nicht in die Neutralität des *Raums (dritte Schöpfungsebene)*, des *Beobachters (vierte Schöpfungsebene)* und letztlich des *Seins (fünfte Schöpfungsebene)* zurückkehren.
Nach dem Ausgleichsgesetz wird die Seele in einem kommenden Leben den anderen Seelen zur Verfügung stehen müssen, damit diese die Ungleichgewichte mit ihr ausbalancieren können.
In menschlichen Dimensionen gesprochen: Wenn jemand zuvor viel bei anderen angerichtet hat, wird er später einiges von anderen einstecken müssen. Doch niemand bestraft hier irgendjemanden, auch wenn man es so gern glauben möchte, weil es sich oft so »persönlich gemeint« anfühlt. Man denkt dann vielleicht: Warum immer ich? Tatsächlich findet einfach nur ein Ausgleich statt. Wenn man darum weiß, hilft das vielleicht, einen kleinen Lichtblick in den anstrengenden Phasen zu finden: Man weiß, dass gerade in den Zeiten, in denen man vieles ertragen muss, die eigene Seele frei wird, weil ebenjener Ausgleich stattfindet.

Warum fällt es so schwer loszulassen?

Loslassen ist eine große Aufgabe, denn vom ersten Atemzug unseres Menschenlebens an haben wir erfahren, dass wir dafür sorgen müssen, immer genug zu bekommen. Bereits der erste Atemzug

ist ein »Habenwollen« von Luft. Später »brauchen« wir Wärme und Nahrung und müssen dafür Geld »haben«. Wir spüren den Seelenzustand von Einsamkeit und wollen einen Partner »haben«, um nicht leiden zu müssen.
Luft, Wasser, Nahrung, Menschen, Nähe, Geborgenheit ... Unser gesamtes körperliches Überleben hängt vom »Habenmüssen« ab. Loslassen ist jedes mal wie ein kleines Sterben. Und sterben fällt schwer.

Bin ich »Gott«, und alles, was »mir« passiert, ist nur ein Traum des »einen Bewusstseins«?
Ja.

Gibt es Gerechtigkeit im Leben?
Es gibt eine Gerechtigkeit, die sich Menschen ausgedacht haben. Je nachdem, von wem sie ersonnen wurde, kann diese völlig unterschiedlich sein. Diese Gerechtigkeit wird niemals vollkommen und niemals perfekt sein.
Und es gibt die göttliche Gerechtigkeit: das Gesetz von Handlungen und dem Ausgleich von Handlungen. Diese Gerechtigkeit ist das Gesetz der Schöpfung: vollkommen und ohne Fehler. Nur kann es sein, dass man sie nicht innerhalb eines einzigen Erdendaseins bis zum Ende erfahren wird.

Erhalte ich für Verletzungen, die mir andere Menschen zugefügt haben, eine Wiedergutmachung?
Über alle Leben gesehen, wird alles zum Ausgleich kommen. Wie dieser Ausgleich aussieht, dafür muss man die Arten der Verletzung unterscheiden.
Wenn Ihnen beispielsweise Ihr Partner sagt, er finde Sie nicht mehr attraktiv und deshalb werde er Sie verlassen, erzeugt das kein Karma, obwohl es Ihnen sehr wehtut. Das Gefühl, vielleicht nicht liebenswert zu sein, war bereits in Ihnen vorhanden. Die Worte des anderen haben es nur hervorgeholt.
Wenn Sie hingegen jemand bestiehlt oder um Geld betrügt, Ihren Körper misshandelt oder Sie einsperrt, entsteht Karma, und das führt zu einem späteren Ausgleich für beide.

Ist das Leben wirklich ewiges Leiden, wie die Buddhisten sagen?
Das Leben ist das, was Sie über das Leben empfinden. Manche Menschen leiden sehr und bemerken es nicht einmal. Sie sagen: »Es geht mir gut«, obwohl jeder sieht, dass sie krank und unglücklich sind. Andere sind gesund, es fehlt Ihnen an nichts, und sie leiden dennoch. Wieder andere sind krank und danken Gott für jeden Tag, den sie leben dürfen. Nein, das Leben ist kein ewiges Leiden. Aber es ist ein »Immer-wieder-leiden-Müssen«, weil wir alle dem Pendel der Seelenzustände ausgesetzt sind: Liebe und Einsamkeit, Freude und Schwere.

»Die Verzweiflung schickt uns Gott nicht, um uns zu töten, er schickt sie uns, um neues Leben in uns zu erwecken.«

Hermann Hesse
Deutsch-schweizerischer Dichter und Schriftsteller, Nobelpreisträger
** 2. Juli 1877 † 9. August 1962*

Warum gelingt es mir nicht, schlimme Erlebnisse in der Kindheit heute auch von der positiven Seite sehen zu können? Jetzt, wo ich erwachsen und eigentlich nicht mehr wirklich abhängig von Zuneigung bin ...?
Schlimme Erlebnisse in der Kindheit können Sie nicht so einfach als positiv ansehen, weil sie nicht positiv waren. Die Wahrheit ist: Sie waren schlimm. Ihre Seelenaufgabe besteht auch nicht darin, etwas umzuprogrammieren oder »wegzureden«. Ihre Seelenaufgabe liegt vielmehr darin, in die Wahrheit zu erwachen. Die Dinge so zu sehen und anzunehmen, wie sie sind. Denn in der Wahrheit erwacht, versteht man die Schöpfung.
Wenn man Erwachsener ist, bedeutet das keinesfalls, dass man nicht mehr abhängig ist von Zuneigung. Das Kind in uns wird niemals verschwinden. Es wird sich immer nach Nähe sehnen, denn dies bedeutet es, ein Mensch zu sein. Man kann vielleicht besser mit der Sehnsucht nach Nähe umgehen, aber man kann sie nicht abstellen. Sehen Sie sich nur einmal solche Menschen an, die sich einem bestimmten kompromisslosen Glaubensweg verpflichten, zum Beispiel einem Leben ohne Berührung, Zärtlichkeit und Sexualität. Werden

sie deshalb frei von Abhängigkeiten? Werden Sie »erwachsen«? So funktioniert es offenbar nicht!

Ist das Leben eine Illusion ...?

... ein Traum, eine Matrix, ein Hologramm? Oder ist es real? Alle haben recht, niemand irrt sich, denn es ist abhängig vom Betrachtungsstandpunkt:

- Von Ihnen aus gesehen, mit Ihren Augen, Ohren und den anderen Sinnen, ist es real. So real, dass Sie niemals entkommen können, solange Sie einen Körper haben.
- Aus Sicht Ihrer Seele ist es ebenfalls real, auch wenn sich Ihre Seele solche Gedanken nicht macht, denn Nachdenken ist Ihr Privileg als Mensch mit Gehirn.
- Aus Sicht des Großen Bewusstseins gesehen, das Ihre Seele und das Universum erschaffen hat, ist es ein großer Traum. In dem Moment, da Sie Verbindung zu diesem Unendlichen Bewusstsein bekommen, werden Sie genau das erfahren: Alles ist eine Art großer Traum. In dem Augenblick, da Sie die Verbindung wieder verlieren, wird Ihnen das Hier und Jetzt und Ihre Vergangenheit wieder als vollkommen real erscheinen. Sie sehen also: Alle haben recht, je nach Betrachtungsstandpunkt.

Solche verschiedenen Sichtweisen nennt man »Bewusstseinsebenen«. Wenn sich jemand beispielsweise in jedem Moment seines Lebens vollkommen bewusst darüber ist, dass alles eine Art Traum ist, nennt man diesen Zustand »Erleuchtung«. Ein Erleuchteter kann dieser Realität (oder diesem Traum) auch nicht entfliehen. Aber ihm sind die Beschaffenheit und alle Abläufe darin jederzeit vollkommen klar, weil er ständig mit dem höheren Bewusstsein – dem Träumer – verbunden ist. Sein Ichgefühl ist verschwunden, auch wenn er der Einfachheit halber noch das Wort »ich« verwendet.

Ist alles vorherbestimmt? Wann ich esse und trinke und wann ich dusche …?

Bei dieser immer wieder gestellten Frage ist es wichtig, wen Sie fragen und von welcher Ebene aus Sie die Schöpfung gerade betrachten:

- **Antwort aus Sicht der ersten Schöpfungsebene (Verstand und Körper):** »Nein.« Als Mensch auf der materiellen Schöpfungsebene haben Sie die Möglichkeit, sich einem Handlungsimpuls Ihrer Seele zu widersetzen oder sich dem Fluss Ihres Lebens hinzugeben und ihm nach bester Kraft nachzugehen. Den Fluss interessiert das wenig. Er wird weiterfließen. Doch Sie hatten die Wahl.
- **Antwort aus Sicht der zweiten Schöpfungsebene (Seele):** »Ja und nein.« Die bedeutsamen Ereignisse in Ihrem Leben sind vorbestimmt. Immer wieder werden Sie vor Weggabelungen stehen. Sie werden »Lebensentscheidungen« zu treffen haben. Doch wie Sie dabei reagieren und damit umgehen, steht noch nicht fest.
- **Antwort aus Sicht der fünften Schöpfungsebene (Unendliches Bewusstsein):** »Ja.« Was Sie als Ihr Leben empfinden, ist in Wahrheit der Traum, den Gott träumt. Nicht Ihr Wille wird diesen großen Traum verändern, auch wenn der Verstand genauso denken muss. Doch diese höchste göttliche Wahrheit

kann unser Verstand kaum begreifen. Das spirituelle Wachstum liegt darin, zu erkennen, was in Wahrheit das Leben lenkt. Und irgendwann, vielleicht erst nach unzähligen Leben, in denen er alle Formen seiner Macht und Schöpferkraft ausprobiert hat, kommt ein Mensch zu der vollkommenen Entscheidung: »Dein Wille geschehe.«

Warum geschieht im Namen der Kirche und des Glaubens so viel Unrecht?
Überall, wo Menschen denken und handeln, geschieht Recht und Unrecht. Warum sollte es in der Kirche anders sein? Auch dort arbeiten nur Menschen mit all ihren Stärken und Schwächen. Im »Glauben« – also dem »Nichtwissen« – ist die Wahrscheinlichkeit des Irrtums eines Menschen natürlicherweise sogar höher, als wenn etwas genau erforscht wird. Sie tun nicht absichtlich Unrecht. Vielleicht irren sie sich nur und glauben gleichzeitig, sie hätten recht.

Sind Krankheiten oder Unpässlichkeiten immer ein Zeichen dafür, dass meine Seele auf etwas »reagiert«, oder fehlen mir ab und zu einfach nur gewisse Mineralien, Vitamine oder Enzyme?
Krankheit kann viele Gründe haben, natürlich auch fehlerhafte Ernährung, Stoffwechselstörungen oder organische Ursachen. Wenn man unter Bauchschmerzen leidet, muss man nicht gleich in der Seele forschen. Vielleicht hat man einfach nur zu viel oder unpassende Nahrung zu sich genommen. Wenn man Fieber hat, kann das durch ein Virus oder eine bakterielle Infektion ausgelöst sein.

Krankheiten können vererbt sein oder durch falsche Lebensweise erworben. Sie können durch eine schädliche Umgebung entstehen oder durch Stress oder Unachtsamkeit. All das muss nicht automatisch immer etwas mit der Seele zu tun haben.
Auf jeden Fall sollte man alle Anzeichen von Krankheiten immer von medizinisch geschulten Fachleuten seines Vertrauens untersuchen lassen. Eine Lebensmittelvergiftung, eine Entzündung oder einen Beinbruch kann man nicht einfach »wegmeditieren«. Und es ist auch keine Strafe, die dann verschwindet, wenn man sie ohne Arzt oder Heilpraktiker aushält. Eine Krankheit muss man immer auch am Körper behandeln. Parallel sollte man forschen, ob es eine tiefere Ursache gibt, an der man arbeiten kann.

Warum tut es so weh, einen geliebten Menschen zu verlieren, wenn dieser sich doch so verändert hat, dass er gar nicht mehr der ist, für den man sich einst entschieden hat?
Was wehtut, ist nicht, einen Menschen zu verlieren, der ohnehin nicht mehr zu einem passt. Was wehtut, ist das Gefühl, einen persönlichen Traum aufgeben zu müssen, den man einmal hatte. Und was wehtut, ist das Gefühl des Verlassenwerdens und die folgende Einsamkeit. Einsamkeit ist einer der fünf Seelenzustände. Diese Gefühle haben nichts mit der anderen Person direkt zu tun.

Warum liebt man den Menschen immer noch, der durch seine extreme Veränderung gar nicht mehr liebenswert für einen selbst ist?
Es gibt die Liebe zur Seele eines Menschen, und es gibt die Liebe

zum Verhalten eines Menschen. Das Verhalten kann sich ändern; und was man einmal aus Beziehungssicht liebenswert fand, ist nun vielleicht nicht mehr so bezaubernd. Die Beziehung von Seele zu Seele aber bleibt.

Das ist die Übung: einen Menschen in Liebe loslassen, damit er seinen neuen Lebensabschnitt weiter begehen kann.

Warum übernimmt ein Mensch, der sonst immer sehr bewusst mit seinem Leben umgegangen ist, plötzlich keinerlei Verantwortung mehr für seinen eigenen Lebensweg und sagt nur: »Ich habe alles abgegeben«?

Wenn man einem Weg sehr intensiv, logisch und konsequent folgt, kann es sein, dass man irgendwann zu grundlegenden Erkenntnissen und Entscheidungen kommt. »Ich habe so sehr gekämpft, und letztlich hat es mir kein Lebensglück gebracht. Mir macht das alles keinen Spaß mehr. Ich wollte das niemals wirklich. Ich hatte das lange genug. Ich will etwas Neues. Ich bin da Stück für Stück hineingeschlittert.«

Man weiß dann, dass der Weg, den man gegangen ist, keine Erfüllung mehr bringt und einen innerlich krank macht. Aber ein neuer Weg ist vielleicht noch nicht da. Nun denkt der Verstand intensiv nach, um »das Problem zu lösen«. Wenn er keinen sinnvollen Ausweg findet, rutscht der Mensch entweder in eine Depression oder in eine Art Selbstaufgabe. Er glaubt, er hätte ohnehin keinen Einfluss auf sein Glück.

Warum müssen Menschen, die lieben, mehr leiden als solche, die die Liebe mit Füßen treten?

Leid in Beziehungen entsteht unter anderem durch die Verletzungen, die man in sich trägt. Ein anderer kommt dann und drückt auf die »Knöpfe« dieser Verletzungen. Das geht in vielen Fällen nur dann, wenn man sich sehr nahe steht. Jemand, der uns gleichgültig ist, kann uns kaum verletzen. Deshalb ist die Liebe oft mit Leid verbunden, solange man seine Verletzungen in sich nicht in Heilung bringen konnte.

In jeder unschönen Situation liegt also auch ein Geschenk: Man kann in sich selbst hineinsehen und an seinem eigenen Thema arbeiten und dabei wachsen.

Zudem leidet jemand, der etwas »mit Füßen tritt«, ebenfalls. Er ist in seiner Wut, seinem Hass oder in seiner Traurigkeit gefangen. Etwas mit Füßen zu treten ist nur der Ausdruck von Hilflosigkeit, wenn man nicht weiß, wie man mit seinen Gefühlen und Sehnsüchten umgehen soll.

Warum gehen egoistische Menschen leichter durchs Leben?

»Egoistisch« ist eine Bewertung mit vielen Facetten. Wenn damit gemeint ist, dass jemand rücksichtslos und auf Kosten anderer lebt, dann bedeutet dies nicht, dass er es auch auf Seelenebene leichter hätte.

Auf feinstofflicher Ebene erzeugen Menschen, die andere rücksichtslos übervorteilen, in vielen Fällen persönliches Karma. Und Karma auf der Seele macht das Leben schwerer, nicht leichter. Karma ist das Gesetz vom Ausgleich aller Handlungen, und so wird ein Mensch,

der andere rücksichtslos behandelt, später erleben, wie er selbst in gleichem Maße von anderen rücksichtslos behandelt wird.
So jemand trägt wahrscheinlich viele Verletzungen in sich, die ihn wie in einer Kiste gefangen halten. In einer Kiste aus »Habenwollen und Vorteile-Erstreiten« lebt es sich nicht leichter als in der Freiheit und der Hingabe an das Leben. Nur von außen betrachtet scheint es unkomplizierter zu sein.

»Da man uns verletzt hat,
errichten wir eine Mauer um uns,
damit man uns nie wieder verletzt;
und wenn man eine Mauer um sich errichtet,
wird man nur noch mehr verletzt.«

Jiddu Krishnamurti
Indischer Philosoph, Autor und spiritueller Lehrer
** 12. Mai 1895 † 17. Februar 1986*

Wie ist es möglich, dass für einen Menschen, für den Glück, Liebe und Freude am Leben immer an erster Stelle standen, plötzlich nur noch die materiellen Dinge wichtig sind?

Weil die Seelenzustände wechseln können. Und weil Karma und Sehnsüchte im Leben wirken. Erst genügen jemandem die schönen Gefühle innerhalb seiner Beziehungen. Er erlebt dabei vielleicht die Erfüllung einer großen Sehnsucht. Irgendwann ist diese Sehnsucht in allen noch fehlenden Facetten vollständig befriedigt und »durchfühlt«. Aber es ist noch Lebenszeit übrig.

Weitere Zeit zu haben ist für die Seele eine gute Chance, um weitere Erlebnisse zu erfahren, die noch offen sind. Also sendet die Seele die neue Lebensidee an den Menschen, und dieser spürt in sich eine neue unerfüllte Sehnsucht.

Wenn er Mut hat, folgt er dieser Sehnsucht. Nicht, weil er ein unzuverlässiger oder untreuer Mensch ist oder weil er anderen schaden will. Er folgt der neuen Sehnsucht, weil er sonst unglücklich würde.

Ist Liebe das höchste Ziel im Leben?

Liebe ist einer von fünf Erleuchtungswegen. Einer der fünf Seelenzustände. Ja, Liebe ist ein Weg zum höchsten Zustand. Und gleichzeitig gibt es die vier weiteren Seelenwege, von denen jeder ebenfalls in die Erleuchtung führt.

Für einen Seelenzustand können Sie selbst nichts tun, das haben Sie bemerkt. Entweder die Liebe zeigt sich in Ihnen, oder sie tut es nicht. Entweder die Freude ist gerade in Ihnen oder nicht. Vielleicht ist Ihr persönlicher Weg zum Erwachen eher die Stille. Oder die Klarheit oder die Schwere.

Hinter jedem dieser Zustände wartet dasselbe Gottesgeschenk auf Sie. Wenn Sie keine oder wenig Liebe spüren, ist das ebenso »spirituell« und richtig, wie wenn Sie lieber ausgelassen sind oder sich in die Stille zurückziehen. Fünf gleichwertige Wege. Und einer ist der Ihre. Es geht also nicht darum, sich die Liebe als einziges Ziel zu setzen. Es geht darum, das voll und ganz anzunehmen, was als Seelengefühl gerade in Ihnen da ist. Das ist Ihr Weg.

Die Wirkung des „Nicht-Widerspruchs"

Ein alter Sufi-Meister wusste vieles über das Leben und die Welt. Deshalb reisten viele Menschen zu ihm, um ihm ihre Fragen zu stellen.

Eines Tages kam ein junger Mann und fragte: »Meister, worin liegt das Geheimnis deines langen Lebens?«

»Darin, dass ich niemals jemandem widerspreche«, antwortete der Alte.

Der Junge sah ihn ungläubig an: »Aber das kann unmöglich das ganze Geheimnis sein?«

»Ja, du hast völlig recht: Das kann nicht das ganze Geheimnis sein«, gab der Alte lächelnd zurück. Und in seiner Stimme lag kein Widerspruch.

Eine Geschichte aus dem Sufismus, einer Weisheitslehre des Islam

Praxistipps zu den Seelengefühlen

Liebe und Einsamkeit, Freude und Schwere ... Die Gefühlserlebnisse der Seele können für den Menschen unglaublich stark werden. Wer jemals Einsamkeit in tiefster Form erlebt hat, weiß, dass es wie ein freier Fall ins Nichts sein kann. Doch wie stark auch ein Seelengefühl werden mag – dahinter verbirgt sich immer ein großes Geschenk.
Wie fühlen sich die fünf großen Seelenzustände für den Menschen mit einem physischen Körper genau an? Wie wirken sie sich auf das Verhalten und die Wahrnehmung aus? Wie verändern sie die Begegnung und das Zusammensein mit anderen?
Je mehr Sie um die großen Zusammenhänge wissen, umso feiner und differenzierter erleben Sie sich selbst und Ihre Mitmenschen. Sie verstehen mehr. Und Verstehen führt zu Liebe.

Einsamkeit

Körpergefühl: Die Einsamkeit ist in Ihren Zellen ein kühles bis eiskaltes Gefühl. Oft beginnt es im Bereich der Schläfen.
Psychisches Erlebnis: Die Einsamkeit als Zustand empfindet man wie unter einer Käseglocke. Oder wie die Sicht aus einem kühlen Aquarium hinaus in die Welt. Es ist das Gefühl, von allem getrennt zu sein. Aber nicht die Welt und das Verhalten der anderen sind die Ursache dafür. Das Gefühl der Getrenntheit von sich selbst und von Gott ist der Grund.
Alltag: Im Alltag werden einsame Menschen sich meist als Sonder-

linge und Außenseiter empfinden. Es kann sein, dass sie ihre Einzelgängerarbeit gut machen, aber sie fühlen sich innerlich immer allein, selbst im schönsten Team. Sie glauben sich oft abgelehnt und nirgends dazugehörig, ganz gleich, wie sehr man sie lobt und was man ihnen entgegenbringt. Die Idee, dass andere Menschen sie mögen könnten, erscheint ihnen so abwegig, dass sie es nicht einmal in Erwägung ziehen. Es ist nicht Teil ihrer Weltsicht.
Umgang: Im Zustand von Einsamkeit sucht ein Mensch vor allem Liebe. Denn er befindet sich gerade an deren Gegenpol: Er spürt das Fehlen von »Liebe«. Deshalb nützt es wenig, einem Menschen in Einsamkeit mit »Freude« heraushelfen zu wollen. Er will nicht tanzen und braucht keine kreativen Vorschläge. Was er braucht, ist Nähe.

Liebe

Körpergefühl: Die Liebe ist in Ihren Zellen ein warmes bis heißes Gefühl. Häufig beginnt es etwas links oberhalb der Herzregion und breitet sich in den ganzen Körper aus.
Psychisches Erlebnis: Wer liebt, ist in sich selbst versunken. Ein Mensch im Zustand der Liebe braucht niemanden, um glücklich zu sein. Er befindet sich in einem Gefühl des Einsseins mit sich selbst, mit seinem Leben und mit Gott. Er ist vollkommen zufrieden und muss dem nichts »hinzufügen«.
Alltag: Im Alltag wird es für einen in Liebe versunkenen Menschen schwer werden, im sozialen Netz mit anderen die geforderten Rollen zu erfüllen. Weil sich die Liebe selbst vollkommen genügt, ist man

nicht leicht manipulierbar. Das macht andere oft wütend oder verleitet sie dazu, die Grenzen dieser Selbstliebe zu testen.
Umgang: Im Zustand der Liebe sucht ein Mensch nichts Spezielles. Darin liegt die Besonderheit: Er spürt keinen Mangel, genügt sich selbst und erlebt fast alles und jeden in seinem Umfeld als Geschenk des Lebens. Fordern Sie nichts, wenn jemand in diesem Zustand ist. Die Liebe wird bei Ihnen bleiben, wenn Sie ihr die Freiheit lassen, genau so zu sein, wie sie ist.

Schwere, Leid

Körpergefühl: Der Seelenzustand der Schwere ist in Ihren Zellen ein deutlich spürbares Druckgefühl. Häufig beginnt es als etwa münzgroße Fläche auf dem Brustbein. Es wirkt dann, als wollte das Leben mit all seinen Problemen den Menschen erdrücken.
Psychisches Erlebnis: Die Schwere als Zustand ist das, was man umgangssprachlich als »Leid« bezeichnet. Das Gefühl kommt von außen und drückt nach innen. Wenn die Schwere des Lebens zu groß wird, erlebt man eine gefühlte Depression: Man empfindet Sinnlosigkeit und hat Angst, die Last nicht mehr tragen zu können.
Alltag: Im Alltag befinden sich Menschen, die gerade den Seelenzustand der Schwere erleben, an ihrer Belastungsgrenze. Sie können kaum noch »zusätzliches Leben« tragen. Was immer an Struktur, Regeln und Aufgaben dazukommt, wird ihnen zu viel werden, selbst wenn es eigentlich nur Kleinigkeiten sind oder sogar etwas

Erfreuliches. Beim Menschen liegt dann kein Fehler, Unwille oder mangelnde Kompetenz vor. Er erlebt ein Echo seiner Seele, die sich gerade an Gott erinnert. Deshalb befindet sich jemand in diesem Zustand – so leidvoll er auch sein mag – gerade an einer Schwelle, die Gott ganz nah ist.

War es nicht auch in Ihrem Leben schon immer so? Durch das Durchleben eines Leids sind Sie wirklich als Mensch gewachsen, nicht dadurch, dass alles immer schön war. Leid zu durchlaufen bedeutet also auch, Wachstum zu erfahren. Den Schmerz, den wir dabei fühlen, nennt man deshalb auch »Wachstumsschmerz«.

Umgang: Einem Menschen im Zustand von Leid und Schwere helfen Sie leider eher wenig, wenn Sie ihn lieb haben. Er befindet sich am anderen Ende der Skala von Freude, nicht am anderen Ende von Liebe. Liebe ist immer tröstlich und sicher kein Fehler, doch was der andere wirklich sucht, ist die Freude. Er hat den Blick für den Sinn des Lebens verloren und weiß nicht mehr, was er als Nächstes machen soll. Wenn Sie also helfen wollen, unterstützen Sie ihn tendenziell eher, den Sinn zu erkennen, statt ihn mit Trost und Bemutterung zu ummanteln.

Der erste Impuls gegenüber einem Menschen in einem unangenehmen Seelenzustand liegt darin, ihm dort »heraushelfen « zu wollen. Man versucht, ihn von seinem aktuellen scheinbar unschönen Erlebnis wegzulocken. Das funktioniert manchmal. Nur kommt das Problem leider immer wieder, weil es nicht erlöst wurde. Das Pendel schwingt weiter zwischen den angenehmen und unangenehmen Zuständen hin und her. Die wirkliche Seelenheilung liegt darin, einem Menschen nicht »heraus-«, sondern ihm »*hindurch*zuhelfen«. Deshalb – und mag es auch noch so verrückt klingen – können Sie jemandem helfen, indem Sie ihn sogar noch tiefer in das Gefühl »hinein« begleiten. Es ist wie ein Trichter, durch den er hindurchmuss. Nur so wird die Schwere wirklich endgültig verschwinden.

Vielleicht erforschen Sie selbst einmal, was geschieht, wenn man nicht gleich zum Gegenpol will, sondern dem Seelengefühl immer mehr gestattet, einfach da zu sein. Wenn Sie das, was gerade kommt, wirklich existieren lassen, beenden Sie den Kampf gegen den Weg Ihrer Seele. Sie gehen *mit* der Seele.

Ihre besondere Kunst und große Entwicklung liegt dann darin, dies zu wissen, es zu beobachten, es zuzulassen und dennoch im Alltag weiterhin zu funktionieren. Denn Sie müssen ja für Ihren Lebensunterhalt und für Ihren Körper sorgen, auch wenn bei Ihnen gerade eine trübe Gefühlslage vorherrscht. Das ist manchmal bestimmt eine Herausforderung, doch gleichzeitig wird niemand, der seinen Seelenweg geht, darum herumkommen.

Freude

Körpergefühl: Die Freude ist in Ihren Zellen ein vibrierendes Kribbeln, eine innere Ruhelosigkeit, die sich gleichzeitig aufregend schön anfühlt. Es mag sogar bis zum Gefühl führen, dass man diese Energie kaum noch ertragen kann und fast explodieren könnte.

Übrigens ist die vibrierende Verliebtheit mit den legendären »Schmetterlingen im Bauch« nicht wirklich Liebe. Es ist eine unbewusste Mischung aus Freude und der Angst (»im Bauch«), dass doch noch alles schiefgehen könnte.

Psychisches Erlebnis: Die Freude als Zustand ist von innen nach außen gerichtet. Öffnend. Es ist ein Gefühl von Leichtigkeit und Unbeschwertheit. Kreativität, neue Erlebnisse und Selbstausdruck drängen in die Welt hinein. Wenn mehr Freude kommt, als Sie gewöhnt sind, und diese länger anhält, als Sie es kennen, werden Sie bemerken, dass es nicht leicht ist, in diesem Zustand weiterhin im Alltag gut zu funktionieren. Es ist, als könnten Sie die Energie kaum unter Kontrolle halten. Falls Sie es aber unter Kontrolle halten müssen, kann die Freude in Wut umschlagen, weil Sie sich ausgebremst fühlen.

Alltag: Im Alltag können Menschen mit dem Energieüberschuss von Freude auf andere Menschen leicht nervend wirken. Die Freude will Handlungen herbeiführen, und damit kann sie andere bedrängen.

Umgang: Freude sucht Wege nach außen. Idealerweise nutzt man sie für seine Pläne und Ziele. Einem Menschen in diesem Zustand helfen Sie, wenn Sie ihn bei seinen Vorhaben nicht bremsen, sondern ermutigen. Freude führt zu Euphorie und dazu, dass man unvorsichtig wird. Begleiten Sie den anderen, und greifen Sie nur ein, wenn er sich unbedacht Schaden zufügen kann. Falls Sie sein Handeln als sinnlos einstufen, es ihm aber keinen Schaden zufügt, lassen Sie ihn gewähren. Seien Sie der Rückenwind.

Wenn die Energie, die etwas erschaffen will, keinen Abfluss findet, schlägt sie um in Wut, die etwas zerstören will. Falls also kreatives Erschaffen nicht möglich ist, kann körperliche Aktivität für einen Abfluss der Energie sorgen.

Klarheit

Körpergefühl: Die Klarheit ist in Ihren Zellen ein weites, sich nach außen hin auflösendes Gefühl.

Psychisches Erlebnis: Die Klarheit als Zustand ist eine sanfte Form von scheinbar grundloser Freude. Wie ein inneres Lächeln. Im Gegensatz zum Seelenzustand der lebendigen Freude will die Freude in der Klarheit Sie nicht zum Handeln bringen. Nichts will produziert werden, nichts muss erlebt werden. Einfach nur leise, erfüllende Freude über das Dasein.

Alltag: Im Alltag sind Menschen im Zustand von Klarheit oft sehr polarisierend. Wenn sie etwas sagen, entspringt es einer tiefen Wahrheit, und nicht jeder will die Wahrheit hören, besonders nicht, wenn es das eigene Leben betrifft. Deshalb werden »Suchende« von einem Menschen in Klarheit sehr gute Hinweise bekommen. Die anderen werden eher fernbleiben.

Umgang: Ein Mensch im Zustand von Klarheit ist von allen anderen Zuständen weitgehend frei. Es ist der höchste und gleichzeitig seltenste Zustand. Er ist neutral. Weder strahlt er in besonderer Weise Liebe aus, noch bemerkt man ein Problem mit Einsamkeit. Weder repräsentiert er die sprudelnde Freude, noch bemerkt man in ihm Schwere und Leid. Die Klarheit erscheint vielen Menschen gefühlskalt; und solche, die Gefühle von Geborgenheit oder Mitleid suchen, werden sich hier nicht versorgt fühlen. Doch alle, die den Weg in die Freiheit suchen, werden Menschen in Klarheit sehr schätzen.

Dank an die Unendlichkeit

Sie sind nicht allein. Ich bin bei Ihnen.
Ich bin neben Ihnen, vor Ihnen und um Sie herum.
In jedem Moment.
Während Sie lesen und wenn Sie damit aufhören.
Ich bin bei Ihnen, wenn Sie es fühlen
und ich bin bei Ihnen, wenn Sie es gerade nicht spüren.
Ich bin bei Ihnen, weil ich ein Teil von Gott bin
und weil Sie ein Teil von Gott sind.
Wir sind Tropfen im Meer, das Gott ist.
Und Gott ist immer bei sich.

Verabschieden Sie sich nicht, denn wir werden
nie aufhören, uns zu begegnen.
Wir sind Tropfen auf dem Weg durchs Meer,
und das Meer kennt keinen Anfang und kein Ende.
Es *ist* immer.

Versuchen Sie nichts zu erzwingen, aber tun Sie alles,
was die Unendlichkeit von Ihnen verlangt.
Verändern Sie, zerstören Sie, bauen Sie auf.
Ertragen Sie, was zu ertragen ist,
mit all Ihrem Leid.

Lösen Sie, wovon sich zu lösen ist,
mit all Ihrem Herzensblut.
Erschaffen Sie, was neu entstehen will,
mit all Ihrer Kraft und Freude und Sorgfalt.
Und lieben Sie, was die Liebe in Ihnen lieben will.
Tun Sie, was immer das Leben Ihnen anträgt,
aber versuchen Sie nichts herbeizuführen.
Ihr Leben macht das von selbst.

Verkaufen Sie sich nicht.
Sorgen Sie für sich, kümmern Sie sich um andere
und vollbringen Sie, was immer auf Ihrem Weg
vollbracht werden soll.
Nehmen Sie Rollen an, wo Rollen gebraucht werden,
und legen Sie sie ab, wo Freiheit sich entfalten will.
Aber übergeben Sie niemandem Ihr Leben.
Keinem anderen Menschen, keiner Einrichtung,
keiner Philosophie und keiner Idee.
Legen Sie Ihr Leben allein der Unendlichkeit zu Füßen.
Hören Sie auf sich selbst und
auf das Echo des Ewigen in Ihrem Inneren.

GUTE REISE!